KAOS

Livros do autor na Coleção L&PM POCKET

Hai-Kais
O livro vermelho dos pensamentos de Millôr
Poemas

Teatro
Um elefante no caos
Flávia, cabeça, tronco e membros
O homem do princípio ao fim
Kaos
Liberdade, liberdade (com Flávio Rangel)
A viúva imortal

Traduções e adaptações teatrais
As alegres matronas de Windsor (Shakespeare)
A Celestina (Fernando de Rojas)
Don Juan, o convidado de pedra (Molière)
As eruditas (Molière)
Fedra (Racine)
Hamlet (Shakespeare)
O jardim das cerejeiras seguido de *Tio Vânia* (Tchékhov)
Lisístrata (Aristófanes)
A megera domada (Shakespeare)
Pigmaleão (George Bernard Shaw)
O rei Lear (Shakespeare)

OUTROS FORMATOS:

A entrevista
Millôr definitivo – a bíblia do caos (também na Coleção
    L&PM POCKET)
Millôr traduz Shakespeare

MILLÔR FERNANDES

KAOS

www.lpm.com.br

Coleção **L&PM** POCKET, vol. 685

Texto de acordo com a nova ortografia.

Primeira edição na Coleção **L&PM** POCKET: março de 2008
Esta reimpressão: junho de 2014

Capa: Ivan Pinheiro Machado
Revisão: Patrícia Rocha e Lia Cremonese

CIP-Brasil. Catalogação na Fonte
Sindicato Nacional dos Editores de Livros, RJ

F41k

Fernandes, Millôr, 1924-2012
   Kaos / Millôr Fernandes. – Porto Alegre, RS: L&PM, 2014.
   112p. : . – (L&PM POCKET ; v.685)
   ISBN 978-85-254-1746-6
   1. Teatro brasileiro (Literatura). I.Título. II. Série.

08-0801.   CDD: 869.92
                 CDU: 821.134.3(81)-2

© Millôr Fernandes, 2008

Todos os direitos desta edição reservados a L&PM Editores
Rua Comendador Coruja 314, loja 9 – Floresta – 90220-180
Porto Alegre – RS – Brasil / Fone: 51.3225.5777 – Fax: 51.3221.5380

Pedidos & Depto. comercial: vendas@lpm.com.br
Fale conosco: info@lpm.com.br
www.lpm.com.br

Impresso no Brasil
Inverno de 2014

Personagens

Dois Homens e uma Mulher. Os homens são designados como Homem 1 e Homem 2. Os dois – e a Mulher – terão ocasionais rubricas designando o que são, quando já definidos (Cardeal, Psicanalista, Poetisa, Boa-Viagem, Maninha, Fulaninha), ou pelo que fazem (Narrador) no decorrer do texto. Para tornar mais clara a leitura. Na representação tudo dependerá da direção, dos atores e dos espectadores. Estes, algumas vezes, só compreenderão alguma coisa para trás, o que é sempre, ai!, instigante.

Cenografia
Nenhum realismo.

Interpretação
Nenhuma ênfase no humor, para ser mais engraçado. Quem quiser que entenda. Alguns entenderão.

Ato I

Música tipo pós-moderna. No alto do proscênio, acende letreiro em vermelho, piscando:

KAOS

(Atenção: todos os outros títulos, de uma palavra só, dos 29 quadros, aparecem no mesmo lugar do primeiro. Em preto e branco, estáticos, salvo indicação ocasional. Bem legíveis. Os 29 quadros foram colocados em sequência muito cuidadosa, de tempo, dimensão, poesia, humor. Só trocá-los com muita precisão.)

(*Música desce.*)

VOZ
Esta peça é dedicada ao poeta israelense Yehuda Amichai (*O* **c** *é mudo.*) e ao biofísico italiano Ruggero Pierantoni.

1

(Blecaute. Passos pesados de Homem 1 durante trinta segundos. As vozes devem ser fortes, talvez com amplificador.)

HOMEM 1
No Início, muito antes do caos, muito antes do verbo, muito antes do Início, além do infinito, tempos em que ainda não havia o tempo, onde nem o nada ameaçava se formar, coisa absolutamente inimaginável por ainda não haver imaginação, em pleno vácuo, no seio do incogitado... *(Passos de Homem 2, pesado como os primeiros, trinta segundos.)*

HOMEM 2
Total impalpável e intangível, vazio absoluto entre o inascido e o inascível, ponto inindentificável incomensuravelmente distante de onde as paralelas prometem encontro, onde ninguém... *(Passos leves, de Mulher, trinta segundos. Atores mal se delineiam.)*

MULHER
E nem ninguém não existia.

HOMEM 2
...onde ninguém perceberia a imensidão do ausente. É, não havia ainda o primitivo, nem o primevo, nem o embrional; tudo...

MULHER
Isto é, nada.

HOMEM 2
...sem transpiração, expiro, desova ou parto.

HOMEM 1
Nenhuma exalação, ou sopro, ou brisa, ou brilho. Só a perpetuidade, sem fim, sem margem, sem nascente ou ocaso, côncavo ou convexo, ilimitada e ilimitável. (*Luz sobe ligeiramente, os atores ainda em penumbra.*)

HOMEM 2
Foi então...

MULHER
Como então? Não havia então. (*Ligeiro desagrado de Homem 2.*)

HOMEM 2
...Que o que não existia pressentiu...

MULHER
Pressentiu como?

HOMEM 2
...pressentiu a Criação. Comunicou:

MULHER
Como? A quem?

HOMEM 1
Ouvi um bang.

HOMEM 2
Espantou-se...

MULHER
Quem?

HOMEM 2
...o Ainda Não Gerado: Um bang?

HOMEM 1
É. Um Big-bang. (*Longa pausa. Todos assustados com o imenso novo.*) Começou a se gerar alguma coisa.

HOMEM 2
Expressou-se...

MULHER
Como?

HOMEM 2
...o Ainda Por Ser: O quê? Intuiu O Que Não Existia.

HOMEM 1
"Pressinto que é a vida."

HOMEM 2
Perguntou o Incriado: "Vida? O que é isso?" (*Momento de perplexidade, Homem 1 faz que vai responder, Mulher avança, corta.*)

MULHER
Uma coisa terrível, da qual todo mundo morre.

(*Dez segundos. Blecaute. A luz sobe de novo, bem lenta, ligeiramente azulada. Homem 1 em cena.*)

2

Letreiro – SONO

HOMEM 1 / NARRADOR
Dorme plena sob a lua cheia, descansa cheia sob a lua plena, a cidade, sob cobertores de memórias superpostas. Motoristas, banqueiros, vidraceiros, economistas, prendas do lar, e comediantes e açougueiros e estudantes, dormem em edifícios construídos sobre fantasmas de casas destruídas. Mortos flutuam nas estruturas, penetrando e saindo de sonhos, passeiam entre corpos e aposentos que também não existem mais. Entre as quatro e cinco e as quatro e quinze da noite, da madrugada, neste instante que ainda é o dia de antes, é o dia de agora, já vai sendo o de amanhã, pairam sobre todos os seres esses dez minutos de cessar-fogo existencial, em que todo mundo dorme, sonha seu sonho imperturbável. (*Ruído violento de moto que passa.*)

HOMEM 2
(*Mendigo, na sombra.*) Tem sempre um retardatário.

HOMEM 1 / NARRADOR
A superpopulação ressona enquanto sopra lá fora, em golfadas sufocantes, o terral morno, criando rodamoinhos, balés de folhas girando pelas ruas em coreografias sem destino. É como uma noite antiga.

(*A lua surge, se amplia, até um terço do fundo do palco, a ponto apenas de mostrar escrito Lua Cheia. Voz de Carlos Galhardo – "O luar cai sobre a mata qual uma chuva de prata de raríssimo esplendor. Só tu dormes, não escutas o teu cantor..." Voz a meia altura, desce depressa, some junto com a lua. Recolhe-se.*)

HOMEM 1 / NARRADOR
Dormem envolvidos em conforto os ricos da zona sul, atrás das grades de seus condomínios, os pobres da zona norte dormem também – sem grades. Alguns favelados, pais e filhas, mães e filhos, dormem superpostos em armações de papelão e tábuas, onde vela, a noite toda, o incesto inevitável. Pelas ruas, miseráveis dormem como podem. Dormem em Bangu os traficantes, em segurança máxima. Todos dormem. Tudo dorme.

HOMEM 2 / BÊBADO
Até negros dormem. O sono é democrático.

HOMEM 1 / NARRADOR
Milhares de pobres da zona norte dormem na zona sul, infiltrados em quartos de empregada.

HOMEM 2 / NARRADOR
Algum rico da zona sul também dorme na zona norte, que é (*Pausa.*) o quarto da empregada.

(*Despertador. Meia luz sobre casal – Homem 1 e Mulher / Empregada – quase silhueta, numa cama apenas entrevista.*)

MULHER / EMPREGADA
Virgem! Que reticência! Quaz cinco já!

HOMEM 1
(*Este personagem aos poucos vai-se identificar. É o Psicanalista, casado com a Mulher / Esposa-poetisa, depois simplesmente chamada Poetisa.*) Calma, nêga, espera. Dá tempo ao tempo, que não passa nunca. Porque passa sempre.

MULHER / EMPREGADA
Mas já está inclareando.

HOMEM 1
Tempo. Tempo. (*Faz gesto como no vôlei.*) Mais uma só, devagar, divagando, enquanto o mundo se esclarece, se amarela.

MULHER / EMPREGADA
Se avermelha, se encarneia. Mas Dona Zilda tilifunou qui vinha beim cedo da Petrópoli com as criança.

HOMEM 1
Pero, ainda es mui temprano, muito cedo. Inda estou vendo ela lá em cima, se espreguiçando noutra cama. (*Luz abaixa e sobe de novo ao som de despertador.*)

MULHER / ESPOSA-POETISA
(*Se espreguiça noutra cama.*) Está na hora. Quatro e meia, já. Meu marido me espera e... (*Fala pra alguém que não se vê. Levanta, já no ato de se vestir.*)

HOMEM 2
(*Só a voz. Mal se vê.*) Mais uma só, meiga e lenta.

POETISA
Outro dia, outra hora.

HOMEM 2
Foi sublime?

POETISA
Deu pro gasto. Há outros patamares.

HOMEM 2
Tentamos um?

POETISA
Noutro tempo.

HOMEM 2
Eu não sei se amanhã a lua me procurará no céu em vão.

POETISA
Chega, Omar Khayyam. (*A referência ao poeta é para mostrar logo de início o interesse da personagem Esposa-Poetisa pela poesia. A partir deste momento será*

chamada de Poetisa.) Ainda tenho toda essa estrada, infinito negro a essa hora.

HOMEM 1
(*Pra Mulher / Empregada.*) Tem ainda toda a estrada, verde e cinza a essa hora, tantas curvas solitárias. E retas da baixada, cheias de angústia. Mortes terríveis, esperando a cada viagem fresca e tranquila. Cenas sofridas só por antecipação, não vividas. Hecatombes não concretizadas. Imagens superpostas na memória, enterradas com outros personagens, cortadas na montagem de nossa existência, rejeitadas por excesso de violência ou de mau gosto. Tragédias sem lugar em nosso enredo (*Campainha toca. Homem 1 e Mulher / Empregada se assustam.*).

MULHER / EMPREGADA
Pronto, é ela. (*Homem 1 se embrulha numa toalha, depressa. Não está nu. Toda a representação é fora da realidade, sem qualquer tentação de naturalismo.*)

HOMEM 2 / NARRADOR
Num salto o patrãozão deixa a zona norte, e já está na zona sul, de frente para o mar, onde o dia estoura em púrpura, violento, violenta manhã de todos os dias amaldiçoados. Ou abençoados. Você decide.

(*Enquanto Homem 2 / Narrador fala, o Homem 1 vai até a porta inexistente – recua como quem vê alguém entrando.*) Oi. Você levou a chave. (*Abaixa-se e beija meninos inexistentes.*) Oi! Vai trocar de roupa depressa, já está atrasado pro colégio, Chico. Oi, Tininha! (*Pra Poetisa, inexistente. Como se ela estranhasse algo, ele olha pra toalha.*) Ah, é. Tive que tomar banho no quarto da empregada. Faltou água no banheiro social. É, nos dois. Em ambos. Já estava com saudade. Pôxa, quase uma semana. Fez boa viagem?

POETISA
(*Aparecendo atrás dele.*) Ótima. A esta hora da manhã, nesta época do ano, neste momento da vida, neste instante do mundo. A estrada está fácil, o dia apenas principia.

HOMEM 1
Pia? E Deus viu que isso era bom.

POETISA
E aí fez Copacabana e Ipanema.

HOMEM 1
E o diabo fez o Baixo Leblon.

POETISA
Para que todos os seus filhos, mulheres e homens e homos e homas, pudessem morar aqui uns em cima dos outros nessa promiscuidade fascinante.

3

Letreiro – HAI-KAI

HOMEM 2 / NARRADOR
Os meninos de rua estão dormindo, alguns pesados de drogas, em soleiras, sarjetas, bancos, em todos os vãos e buracos protetores. Os trabalhadores, os vagabundos, alguns grevistas da Petrobras, o segurança e o inseguro, todos sobrevivem. Ouve-se bem o gás neon falhando nos letreiros, mas não haverá incêndio, a voz dos trilhos antigos dorme sob camadas de asfalto, o silêncio dos motores de carros importados já é audível nas garagens. É noite ainda nos terrenos abandonados há dez anos enquanto se faz o processo por causa do desabamento do viaduto – e há latas de coca, carcaças de autos, detritos e animais sem rumo. Dentro do breu da noite, Hai-kais inevitáveis.

HOMEM 1
Na poça da rua
Um vira-lata
lambe a lua.

4

Letreiro – INSÔNIA

HOMEM 1 / NARRADOR
De um lado o mar. Do outro o mar. A cidade é quase uma restinga onde lutam – ou desistiram de lutar – dez milhões de pessoas. Supermercados fechados no negro graxa da noite deixam ratos passeando sob os reflexos das vitrinas de luxo, há escadas rolantes que não rolam, sonolendo degraus insones sem passos nem pés. Mas há alguém com insônia.

HOMEM 2
(*Ao telefone.*) Alô, 2133-439 B2205? (*Pausa.*) É da residência do Aiatolá Koqueíne? (*Pausa.*) Não? De onde é que estão falando, por favor? (*Pausa.*) Da Pizza Hut? E.MAIL-2133-439 B2205? Mas eu liguei pro Irã. É no Irã? Então me chama o Aiatolá, por favor. Não entende? Eu sei! Mas eu estou falando inglês. (*Para o público.*) Não estou falando inglês? (*No telefone.*) Isso não é hora de acordar um cristão? Cristão no Irã? Queria só cumprimentar o Aiatolá pela extraordinária coragem com que ele tem impedido a invasão das pizzas americanas. Eu estava aqui esperando minha mulher, Emília... Emília – Gê, agá, tê, jota. Não, está disputando uma final de suruba em Cabo-Frio e sem ela eu não durmo em paz. Aliás, não durmo nem com ela porque sofro de insônia. Já tinha percebido? E eu

não sei que aí são quatro da manhã?... Brasil. É, do Brasil. Como, não sabe?; o maior pedaço da América do Sul. Então pega um mapa aí. À direita, embaixo – um país cor de laranja. É. Enorme! O maior país do mundo. Com quem eu tenho o prazer...? Secretário-geral de... de o quê? Pois então me bota em contacto com o Aiatolá, porra! Não, só pra cumprimentar. Não, não sou muçulmano. É importante ele saber que tem um admirador cristão aqui no Baixo Leblon. Só pessoalmente? É muito longe pra eu ir até aí. Bem, muito obrigado. Nesse caso me manda uma pizza daquelas levemente picantes. Não, grande. Com três tipos de queijo, é, pepperoni, muito, muito pepperoni, champignon, cebola, pimentão e azeitona. O endereço da minha mãe? Olha, seu dorminhoco de merda, eu... (*Decepcionado porque desligaram do outro lado.*) Ninguém mais tem senso de humor neste país.

5

Letreiro – DÚVIDA

HOMEM 1 / NARRADOR
Há gente fechada, ainda jogando a última partida de sinuca no PCB, Palácio Clube Bilhares, um pesquisador da PUC pratica sexo verbal – oral? Não. Ele fala muito. Com um de menor dentro de um carro no estacionamento subterrâneo do supershopping. Na reserva ecológica da Light a plantação de torres elétricas exibe raízes indiferentes às milhares de latas de Coca no quintal. Copos de papelão, sacos de plástico, um cachorro olha indiferente, um Boeing preguiçoso piscando no céu a caminho de um desastre, vindos do nada, três árabes com albornozes caminham apressadamente para algum Oriente Médio (*Para o público.*) "É médio, não é não?", no Bar dos Simpáticos, café espelunca que não fecha nunca, um ex-terrorista desiludido, atual representante da Microsoft em Gericinó, pede uma boa média que não seja requentada e um pão bem quente com manteiga à beça, um Pop Singer vegetariano de porre dorme com a cabeça sobre o balcão, esquecido de que é pop, de que é singer e também, pelo resto de salaminho no prato, de que é vegetariano. Ninguém mais exige coerência de ninguém. É out.

MULHER / NARRADORA
No recanto idílico do palácio do Sumaré, sons intermitentes de turíbulos ressoam disciplinas e lembranças imemoriais, odores de incenso embalam a homilia matinal do nosso Grande Sacerdote.

HOMEM 1 / GRANDE SACERDOTE
Mais um dia de insônia e de incerteza, Senhor. E preciso de sono e de certeza, Senhor. Como posso dormir se o rebanho que me deste para proteger está perdido pelas vielas que sobem e descem os morros, colinas e montanhas que se mancham de dor, de sangue e de sombra, e de novelas de televisão e de anúncios de imobiliárias e seguros médicos? Os desafios ultrapassam os limites da minha condição humana, tornam meu passo temeroso – já são dezoito os meus guarda-costas – fazem meu sermão cada vez mais ambíguo – tenho que pensar nos traficantes que já cercam a Cúria e nos grandes veículos de comunicação, que sempre a cercaram. Somos ainda parceiros, Senhor? Me defenderás ainda, com a iluminação oportuna ou já me abandonaste? Dizem até que morreste. Perguntar isso erguendo os olhos para ti é heresia, porque te nego, ou inutilidade, se já não existes? Estás aí? Hei! Estás ou não estás? Por que não te apresentas sob forma que me reassegure? Não essa forma diáfana, que parece holografia. Em carne e osso. Ou devo começar a acreditar na descrença, essa fé inabalável? Tu que, no passado, através dos tempos e das intempéries, dizem as escrituras, fizeste tanto pela humanidade, há pelo menos dois mil anos não dás mais as

caras pessoalmente. Isso daqui mudou muito Ninguém manda mais em nada. Ninguém respeita nada. As autoridades do mundo inteiro, até nós, estão perdidas. Não conseguem combater a droga nem a corrupção, nem a pornografia. Pra dizer só uma coisa, e Teu filho, concebido como foi, compreenderia isso muito bem; não há mais uma única virgem no mundo ocidental! Dá-me um sinal, pombas, por menor que seja. Um milagre, por mais humilde que pareça. Não precisa mais multiplicar pães e peixes nem transformar água em vinho. Basta um e-mail pela internet. Aceito coisa menor – uma frase inteligente do Romário, a ressurreição do Brizola. Pelo menos cura a erisipela do meu jardineiro. Estou aqui para compreender. Estou aqui para decifrar. Sou ou não sou o teu Champolion, Rosetta? Hei. Um Plim-Plim ao menos para este teu humilde servo. (*Sacerdote olha para o alto e em volta, girando como quem espera a mensagem, enquanto se benze. A luz se apaga sobre ele, se acende sobre Homem 2.*)

6

Letreiro – TEVÊ

HOMEM 2 / NARRADOR
Tem razão o Grande Sacerdote em eleger a Tevê como a Grande Intermediária. Metafísica, onipotente, onisciente e úbiqua, funcionando através do éter, nada está mais perto do Poder Supremo e do Supremo Mistério. Vigilante, incansável, sem pregar pestana noite e dia; municipal, nacional, internacional, cósmica – não tem nem dá sossego, não dá nem pede trégua. (*Vira botão na barriga da Mulher, como quem liga tevê. Som rascante, com aviso de cinco segundos da Globo.*)

MULHER / LOCUTORA
São estas as manchetes do Bom Dia, Brasil, hoje, quinze de tanto de tarã-tã-tanto: Descoberta fábrica de bombas nucleares domésticas num quintal no Haiti. Cem mil pessoas morrem em Rotterdam esterilizadas pela luz elétrica. Maníacos depressivos atacam 34 coberturas da Zona Sul. Milhões de ratos que escaparam ao projeto de desratização de São Paulo caminham para o Rio congestionando as estradas por vinte quilômetros. Abelhas envenenadas criadas em Cuba invadem a Casa Branca. A Inglaterra e a França assinam tratado conjunto estabelecendo nos dois países regime de castas igual ao das Índias. Terror em Buenos Aires – em trinta dias a cidade será submersa – maluco explodiu

um avião na represa de Itaipu. Epidemia de elefantíase assusta os gregos. Tóquio desperta com todos seus subterrâneos cheios de gás. Em São Paulo todos os presos fogem de todas as prisões. Dezessete arranha-céus explodem em Nova York. O calor mata um milhão de pessoas em Chicago.
Fique com a gente! (*Plim-Plim!*)

7

Letreiro – BOA-VIAGEM

HOMEM 1 / NARRADOR
Cheguem mais perto agora. Sem ruído. Pela janela do sexto andar podemos ver a cama de Maninha Caldas, solteira, 39 anos. Se fosse mulher de classe alta seria descasada. Com o que ganha e como vive, Maninha é apenas uma solteirona a perigo, de vez em quando até soltando uma graninha prum **A.S.** Assessor Sexual. Os tempos mudaram, mesmo aqui em Vila Isabel, bairro modesto, classe média, aquela boa média que Noel Rosa não queria requentada. Quem acorda primeiro, na cama de Maninha, é seu companheiro desta noite, o agente funerário Canepa Pedrilvo, mais conhecido como Canepa Boa-Viagem. (*Os dois na cama.*) Boa-Viagem é um tremendo boa-praça, coração de ouro – vive estressado porque sente profundamente cada sepultamento que faz. Chora sempre que enterra um amigo, e toda pessoa que enterra considera um amigo. Acaba dividindo o que ganha com a viúva, os filhos, a família do extinto. Por isso volta e meia é obrigado a ganhar algum com o outro lado da vida, essa coisa linda, a vida!, e faz um frila sexual.

MANINHA
Já vai Boa-Viagem? Morreu alguém?

HOMEM 2 / BOA-VIAGEM
Não sei. Tou noutra já. Não tá dando mesmo. Só morre pobre agora, a média de vida dos ricos subiu de 63 pra 79 anos nos últimos seis meses. Deve ser alguma coisa na distribuição de renda. Alguma coisa na alimentação.

MANINHA
Talvez seja a alimentação.

BOA-VIAGEM
Agente funerário não dá mais. A gente pega um pé rapado aqui, um atropelado aqui, um enfartado ali adiante. Mesmo fazendo o serviço completo – falsificação de atestado, caixão de pinho vendido como de carvalho, velas de sebo vendidas como velas de libra – e vendendo flores de plástico, que se pode usar em vários defuntos, não dá pra viver. Se percebe a ambiguidade. E quando se pega um bem rico, depois de enfrentar uma concorrência desgraçada, o pessoal acaba preferindo cremação, que já está na mão da Santa Casa. Cansei. Ainda faço enterro pra um amigo ou outro... Mas vou aproveitar minha experiência e fazer uma nota preta. Já tou num troço fixo. Oito mil por mês. (*Faz que se veste pra sair.*)

MANINHA
Oito mil? Que emprego é esse?

BOA-VIAGEM
Angra.

MANINHA
Angra?

BOA-VIAGEM
Na usina nuclear subterrânea secreta ali em Copacabana.

MANINHA
Angra não é lá longe?

BOA-VIAGEM
Eu não disse secreta? Fica embaixo da Praça Cardeal Arcoverde.

MANINHA
Não é a estação do metrô que eles estão abrindo ali?

BOA-VIAGEM
Despiste. O buraco é mais embaixo.

MANINHA
Mas todos os jornais deram, eu já vi fotografias do Metrô.

BOA-VIAGEM
Tudo tem fotografia. Não prova nada. Quer dizer – prova tudo.

MANINHA
É uma conspiração?

BOA-VIAGEM
(*Tapa-lhe a boca meio de brincadeira, como pra impedir que ouçam.*) Caluda! A gente tem que se virar. Eu não posso viver disto.

MANINHA
(*Ofendida.*) Disso o quê? Você também não gozou?

BOA-VIAGEM
Desta vez não, boneca. Estava nervoso. Mas fiz o serviço direitinho, não fiz?

MANINHA
Você faz lá o quê, nesse lugar?

BOA-VIAGEM
Chefe da segurança. Guardo as caixas de urânio.

MANINHA
Mas não é um perigo? Já está lá, o urânio?

BOA-VIAGEM
As caixas. Eu não vi o que tem dentro. Mandam eu guardar, eu guardo. É como sempre fiz – mandam enterrar, eu enterro. Se está vivo ou morto, não é meu problema. Sobrevivência – se percebe a expressão.

MANINHA
Não sou tão burra assim. Tenho curso completo de Banco de Dados.

BOA-VIAGEM
Sei ficar bonzinho, não pergunto nada e não deixo ninguém botar um dedo nas caixas de chumbo. Há um mês me promoveram a lixeiro.

MANINHA
Lixeiro é promoção? Guarda não é mais?

BOA-VIAGEM
Você tá pensando gari, guria? (*Acaba de se vestir.*) Gosta do meu uniforme?

MANINHA
Já tinha reparado quando você tirou. Na hora não reparei mais porque estava com água na boca. (*Olha. Examina.*) Muito berrante prum guarda secreto.

BOA-VIAGEM
Quanto mais dá na vista menos dá na vista. Psicologia. Tem muito japonês lá embaixo: Eles entendem disso paca. Aprenderam com a Bomba de Hiroshima. (*Põe o quepe.*) Me procuraram porque eu entendo de enterro. Oito mil por mês. Vou chefiar o enterro de todo o lixo atômico. Me pergunta onde.

MANINHA
Sei lá.

BOA-VIAGEM
Vamos, nêga, pergunta. Assim, ó (*Dá um beijo carinhoso no rosto dela, depois pergunta, bem dengoso, bem veado.*): Onde?

MANINHA
(*Sem interesse ou delicadeza.*) Onde?

BOA-VIAGEM
Pôxa. Tá na cara, dengosa. No São João Batista. Os mortos já estão mortos nem estão aí pra radioatividade. Muitos até morreram disso, na radioterapia. Um pouquinho de lixo num caixão, outro pouquinho noutro e ninguém vai reclamar, sobretudo os caras que esticaram, vestiram o pijama de madeira e vão comer capim pela raiz. Enterrar é comigo. Faço isso há 17 anos – conheço todo o pessoal pra arreglar e distribuir a grana. Aquele São João tem mais treta do que o Galeão. É um verdadeiro Detran. Tchau. (*Sai para um lado. Maninha sai para o outro.*)

8

Letreiro – SUPERPOPULAÇÃO

(Nesta cena os três atores fazem como se fossem uma multidão em trânsito, comentando coisas normalmente. Um anda pra cá, outro anda pra lá, dois passam numa direção, um passa em outra, os três passam juntos. Falam uns com os outros ou com personagens que não se vê. Aos poucos isso deve dar a impressão de muita gente. A luz deve ajudar. Apagando, acendendo, subindo, descendo, individualizando, generalizando. Andam. Param. Ora de longe, ora de perto. A possibilidade é rica, a representação mudando de velocidade, lenta ou frenética. No fim a luz vai descendo. Algumas frases já são faladas quase no escuro. Como a coisa é feita para dar uma impressão da neurose do mundo, as frases podem ser mudadas de acordo com a época da representação, desde que conservando a ideia da neurose.)

1
O Iceberg que está se aproximando da Argentina é maior do que a Argentina.

2
Os jornais dizem que a erupção do vulcão no Rio Grande pode dar metástase geológica em todo o país.

3

Os 53 estupradores de velhinhas de São Paulo estão prometendo uma operação tartaruga se não tiverem garantias de trabalho.

4

Socorro!

5

As marabundas africanas estão invadindo todos os navios europeus.

6

Noventa por cento da economia sueca já estão na mão de capitalistas negros.

7

A ONU aprovou por unanimidade a cimentação de toda a Amazônia.

8

Hei, Canepa Boa-Viagem!

9

A China vai exportar a raça amarela pra todo o mundo.

10

Os sedutores de menores foram legalizados.

11

Fica mais um pouco, Canepa!

12
(*Grito.*) Socorro! Socorro!

13
37% da nossa população já são de incorporadores imobiliários.

14
Olha lá o Canepa Boa-Viagem! Companheiro!

15
Há um mês que eu não durmo por causa desses bumerangues a baixa altitude.

16
Mais um avião da ONU sequestrado por canibais sérvios.

17
Comeram toda a tripulação!

18
Corre! Os flanelinhas!

19
(*Grito.*) Socorro! Socorro!

20
Ateus! Milhões de ateus!

21
Hereges muçulmanos.

22
Tem também os evangelistas, os papistas, os antipapistas, os megalomaníacos atômicos...

23
Velhotas topless.

24
Tubarões pernambucanos foram vistos na Barra.

25
Os heterossexuais resolveram se organizar pra enfrentar o lobby dos homossexuais. Estão todos dando.

26
(*Grito.*) Socorro! Socorro!

27
(*Dois atores cumprimentam o terceiro efusivamente.*)
Ator 1 – Canepa! *Ator 2* – Boa-Viagem! *Ator 1* – Está mais gordo! *Ator 2* – Está mais magro!

28
Viadutos com oito andares.

29
Sooooocooorro!

30

Os sexólogos não têm dúvida. Todos os homens ficam impotentes depois de assistirem 10 peças de teatro.

31

(*Grito.*) Socorro! Socorro!

32

Surdos não aguentam mais o excesso de som no mundo.

33

Osteoporose.

34

Trocadilhistas em massa.

35

Donas de casa incompetentes são prostitutas muito competentes.

36

Contrabandistas sob a bandeira da Libéria.

37

Antropólogos pretensiosos entraram em choque com peixes contaminados.

38

Socooooorrro! Soooooooocooooorrrro!

39
Muros com caco de vidro.

40
Cuba espalha epidemia de vitiligo pra vender vacina.

41
Pelagra!

42
Cães hidrófobos.

43
Violação de correspondência.

44
Violação por correspondência.

9

Letreiro – ISOLAMENTO

HOMEM 2 / NARRADOR
Feirantes já vendem pepinos e bertalhas nas praças dos subúrbios da Baixada. Enquanto esperam o passar do dia no alto do morro do Alemão, traficantes pobres olham tristemente aviões decolando na pista do Galeão, com o imenso tédio dos longos dias em que não há lutas nem mortes, nem perseguições. Entregadores de jornais acabam sua tarefa nos apartamentos distintos. Mas para o psicanalista Crisanto Freudiyung, nascido em Cataguazes, comendo um pedaço de queijo de Minas em seu consultório instalado na Via das Dúvidas, estas começam a crescer do chão. Do teto. Dos sons da rua, do celular e do ventre, sempre que ele abre um livro, ouve um paciente, tira fumaça de um cigarro Free devidamente amaldiçoado e faz o seu balanço existencial. Neste momento Freudiyung reflete de olhos fechados, para anular a luz excessiva do sol que já bate no parapeito da sacada.

HOMEM 1 / PSICANALISTA
Mais um dia. Ou menos um dia. Quantos tenho? A especialista em Tarô me deu o número certo, 5.422. Quinze anos. É muita coisa. Claro que pra mim essas coisas são ridículas. Mas por que o número ficou? E por que, depois de tantos anos, achei tão bonita a missa no Mos-

teiro? Estética? Tradição? A música? Falta estética na psicanálise? Nossa liturgia é insuficiente? Deveríamos trabalhar com roupas mais formais, designadoras da função e da hierarquia, como os militares – ou vestidos com baianas maravilhosas, como o Papa? Queira ou não queira há na linha do horizonte uma luz que eu não via. Mais um dia que desponta como prenúncio da escuridão definitiva? Minha apenas, que há de vir, como a de todo mundo, ou de toda a humanidade? Abro mais a janela ou fecho toda? Eis uma coisa simples, em que a decisão depende apenas de mim. Por que não decido? Por que não ajo? (*Longa pausa. Fuma. Bebe.*) Se me olho no espelho, vejo que tenho cabeça de touro, tronco de árvore, pés de pato e aos 47 anos cada vez mais sinto que não são 47 anos de vida mas de morte. E ainda me sinto úmido do parto. Mas sufocado como todos. Não tenho mais mãe e ganho a vida como pai de santo, como pai de tantos. Dedo mindinho, seu vizinho, pai de todos, fura-bolo. Sou apenas um mata-piolho. E a mim, quem me oferecerá o seio? E se alguém o fizer, como confiar no alimento que pode estar envenenado pela ânsia de tantos outros egos que também querem ocupar o espaço disponível nas tetas, cada vez menor? Onde e com quem aprender os passos desse balé à beira do abismo? Em que caverna habitar, quem levar para a ilha deserta, onde se vive em sonhos e devaneios? E como me administro nas horas da dúvida ou na descida ao poço da depressão? Se todos me consultam – a quem consulto? (*Como quem ouve alguma coisa.*) Hem? (*Pausa.*) Hem? (*Pausa.*) Hem? (*Pausa.*

trinta segundos.) Ah! (*Entra Poetisa. Vaga. Misteriosa. Ele fala, sem tornar muito evidente, com o público.*) Entram as angústias do lar. Eu adoro essa Mulher. Mas ela é todo dia. Eu me adoro todo dia?
(*Para a Mulher.*) Fez alguma coisa? Conseguiu? (*A luz vai descendo imperceptivelmente. Tango, bem longe, sobe lentamente, enquanto o Psicanalista põe protetoramente a mão no ombro da Poetisa, dá uns passos com ela, como quem diz palavras breves e íntimas. O tango sobe, ele dança com ela exatamente seis passos. Param congelados.*)

(*Nota: Quando o casal voltar, no quadro 13, será com o mesmo pequeno trecho de tango e os mesmos seis passos*)

10

Letreiro – MEIO-DIA

HOMEM 2 / NARRADOR
Em todos os quartos se abrem janelas, em todas as ruas sinais de tráfego permitem ou interrompem, pessoas ainda tentam, outras sucumbem, pássaros cantam nas campas do São João Batista, Darcy Ribeiro, adorador de ícones, balança em sua rede de iconoclasta. Pescadores, professores, padres, polícias e surfistas, pescam, lecionam, rezam, prendem e são engolidos por tubarões. E enquanto isso, e sempre, são vigiados, consumidos, divertidos e dopados pelo tremeluzir luminoso da máquina diabólica do Grande Irmão PIR--LIM-PLIM-PLIM.

(Plim-Plim da Globo, repetindo e aumentando. Blecaute rápido, luz intermitente acende sobre Homem 1.)

HOMEM 1 / LOCUTOR TJ BRASIL
Afirmando que é social e não neoliberal, vanguarda da nostalgia mas jamais atraso da vanguarda, sua Majestade e Seu Majestade, o casal de ociólogos que governa o pedaço, enviou projeto ao Congresso a fim de privatizar os meios de comunicação, como se sabe, totalmente controlados pelo poder público, através de toda espécie de atravéses. Em comunicado emitido depois de amanhã, os ociólogos declaram: "Não podemos continuar

com uma mídia estatal, que dia sim, dia não, noticia subornos, corrupção e escândalos, e nos outros dias sins, e dias nões, noticia corrupção, escândalos e subornos. Se for privatizada, a mídia poderá ocultar isso com maior competência.

O princípio fundamental do neoliberalismo, como ensina a máfia das lavanderias de Nova York, é que roupa suja se lava em casa. Para desviar as atenções, o porta-voz comunicou que par governante vai dar à luz um casal de trigêmeos, mas isso é off-record, porque a óciologa ainda não foi informada. O industrial PC Faria, presidente do Banco Central, adiantou que os rebentos da Presidência serão trazidos à luz pela sua esposa atual a deputada Benedita da Conceição Fegali, barriga de aluguel do PT.

11

Letreiro – URUBUS

(*Homem 1 – aparece pelo meio da cena, vindo dos fundos. Como quem está sentado num carrão confortável com ligeiro balanço. Grande Sacerdote em carro chique.*)

HOMEM 1 / SACERDOTE
Como Sacerdote não temos mais condições de pregar que a carne é fraca, pois o que ela é, visivelmente, é cara. Sobretudo na entressafra. Mas carne, terrivelmente barata, corpos feitos de carne, são jogados na rua a cada dia. Parece que o sol se levanta apenas para nós exibirmos, cercados de urubus, nossa culpa, nossa máxima culpa. Abutres. Que os evangelhos ensinam – não estão aí pela carniça. São atraídos pelo imoral e pela crueldade. Quando saio da cúria todos os dias e entro nesta minha Lincoln blindada, penso: estou protegendo meu corpo. Da ira de quem, da ameaça de quem? De Deus? Das pessoas que mataram e seviciaram a esses que morreram? Iguais a mim que indecentemente sobrevivo e assim me faço igual a eles, os que mataram? Em nome de Deus, como cristão, eu deveria estar no lugar dos que morreram. Não foi essa a ideia do sacrifício supremo do Senhor? E penso: que impulso os impulsiona, a esses que matam? E matam. E matam. E matam. E matam. E matam. Que pulsão?, como dizem os psicanalistas. Será que os psicanalistas têm

razão quando falam no impulso da morte orientando a vida? Eros e Tanatos, de que falam tanto, são amantes? Tanatos é gêmeo de Hipnos, o que dorme eternamente. E os dois nasceram da noite e não têm pais. Como pode Eros, alegre protetor da vida e da fecundidade, da luz do dia, força da afinidade universal, criador de tudo que surge do caos, conviver com Tanatos, que tem coração de ferro e entranhas de bronze, é inimigo do gênero humano, imagem e artífice de nossa destruição? Não sei se Deus morreu, como pregam os hereges, mas o amor, sim. Está morto. E não foi enterrado. Daí os urubus. Repito – não vêm pela carniça. São temidos porque trazem infecção e má sorte. Mas ninguém se lembra de que são eles que conhecem as correntes ascendentes e guiam aviadores e asas voadoras pelos céus do Senhor. A pestilência vem porque sempre seguem os exércitos, certos da alimentação. Mas nunca foram os autores primários da peste. (*Solavanco.*) Upa! Domingão, cuidado, cuidado! – você passou de novo por cima de um cadáver.

12

Letreiro – TURISMO

HOMEM 2 / GUIA TURÍSTICO
(*Na penumbra, vem subindo, subindo, para, cansado, chega ao alto, respira, fundo.*) E já é dia claro. (*A luz clareia subitamente, ele agradece a iluminação, para o alto, a Deus.*) Obrigado! (*Suspira olhando em volta, extasiado. Fala, como quem fala a turistas.*) Olhem que coisa mais linda. O Rio, todo janeiro, em qualquer mês do ano. Aquilo ali é Ipanema.
Riscando galhos no ar.
(*Declama.*)
Tudo take de cinema
Prontinhos, é só filmar.
Mas aquela coisa mais linda
Foi morar noutro lugar.
Vocês dois, Canadenses de Quebec livre. E vocês três, sicilianos da Sicília, não vão entender o inglês que eu falo, mas os dois americanos mutilados do cessar fogo na Bósnia e o russo checheniano, depois lhes explicam isto. Isto, que rima com Cristo. Cristo do Corcovado (*Abre os braços, depois segue a mímica.*). Está aí desde 1931. Corcovado. Porque a montanha tem corcovas. Ou é porque eleva o espírito? *Quor quo vadis*? Gostaram ou essa expressão idiota não é de admiração? Trinta e oito metros de altura, sessenta anos de idade,

braço a braço 28 metros, peso 1.145 toneladas. Não me perguntem como é que eles pesam.

HOMEM 1 / BÊBADO
(*Bebendo de uma garrafa invisível.*) Ora, ora – pesam a estátua com montanha e tudo e depois subtraem a montanha.

HOMEM 2
(*Grandiloquente.*)
Ergueram-te pedra sobre pedra,
Fizeram de teu corpo a tua cruz.

HOMEM 1 / BÊBADO
"Voltejam os aviões. É a homenagem das nossas águias, que de madrugada deixaram o ninho do Campo dos Afonsos para saudar o rei dos reis", *O Globo*, 1931.

HOMEM 2
E Dom Sebastião Leme, guia espiritual de toda a comunidade católica, benzeu o concreto armado como se fosse cimento tornado espírito e afirmou, emocionado: "Cristo reina, Cristo impera, Cristo livrará o Brasil de todos os males". (*Pausa.*) Livrou? (*Pausa maior.*) Sessenta anos depois nosso atual líder espiritual, O Grande Sacerdote, responde aos nossos pecadores. (*Se ajoelha, em confessionário, com ar maroto, como quem pede cumplicidade do público. Ouve-se o tango do quadro 11. Blecaute.*)

13

Letreiro – ANGÚSTIA

(*Luz sobe. Psicanalista e Poetisa dançam os seis passos do tango, como descrito no quadro 11. Param.*)

PSICANALISTA
Conseguiu?

POETISA
Não, nada.

PSICANALISTA
Nada?

POETISA
Muito pouco. Vou desistir do livro. E pra que o livro? Já há livros demais no mundo. Sobretudo medíocres. (*Mímica de tirar do bolso um pequeno papel.*) Tudo o que faço é igual a mim.

PSICANALISTA
Isso quer dizer o quê? Ruim? (*Ela faz gesto vago.*) Que é isso? Você tem muito talento.

POETISA
Tenho. Mais do que você sabe. Mas não encontro. Mergulho no fundo do que sinto, fico fascinada e só

cato bobagem. É como eu sonho. Aliás sou como todo mundo. Dentro de mim há coisas inacreditáveis que me dão uma plenitude que não existe aqui fora. E quando acordo não sobra nada. Se tento recordar, só lembro bobagem. Acho que esta percepção é minha contribuição original. Por dentro eu sou maravilhosa. O que consigo expor a mim mesma é medíocre como... como um concretismo. E o pior é que eu sei disso.

PSICANALISTA
O que você faz é bom.

POETISA
E se for? Basta? Ser bom é pouco.

PSICANALISTA
Você é muito boa.

POETISA
Ainda é pouco. Eu não me contento comigo mesma.

PSICANALISTA
(*Lê lentamente o papel que ela lhe deu.*) Isto é... muito bom.

POETISA
Não dá. Minha ambição me sufoca. Eu conheço o extraordinário. (*Sai repentinamente.*)

PSICANALISTA
(*Lê, sério, procurando a beleza do escrito.*)
Toda noite aqui
Sol em vidas distantes
Que vejo e sigo
Na escuridão da insônia
Projeções infinitas
No avesso das pálpebras
Sem som e sem enredo
Gente silenciosa
Andando e andando
Em minha solidão
De esplendor e medo

(*Psicanalista fica pensativo algum tempo. Blecaute.*)

14

Letreiro – TEOLÓGICA

(*Repetindo o fim da cena 12. Outra interpretação, mais indiferente, ou mais marota.*)

HOMEM 1 / GUIA TURÍSTICO
"Cristo reina! Cristo impera! Cristo livrará o Brasil de todos os males!" (*Pausa.*) Livrou? (*Pausa maior.*) Sessenta anos depois nosso atual líder espiritual, nosso Grande Sacerdote, responde aos nossos pecadores. (*Se ajoelha como em confessionário. Entra Sacerdote. Benze Homem 1, benze o público.*) Sacerdote, que diz das palavras de Dom Sebastião, nosso primaz e secundaz há 65 anos? Ele declarou, *urbi et orbi*, que esse Cristo aí (*Aponta pra cima.*), de concreto e ferro, ia resolver todos os nossos males, que O Outro não resolveu. As coisas, aparentemente, não aconteceram assim. O Cristo de cimento não se mexeu, não desceu aos pobres. As favelas é que subiram até ele. E ele, nada. Pouco a pouco as pessoas que acreditam no insólito...

SACERDOTE
Dizer que sim, que esse Cristo de pedra nos livrou de alguns males, é inverdade tão evidente como já se disse um dia que o Reino dos Céus está reservado aos pobres de espírito. Seria uma eternidade ao menos tediosa. Posso tentar defender Dom Sebastião, embora

não acredite que precise de defesa. Por que demagogia? Como sabemos que ele não acreditava? Por que todos os poderosos sempre mentiram para preservar o poder? Por que não dizermos que foi uma profecia que não se cumpriu como também não se cumpriram tantas da ciência, como não se realizaram tantos projetos de artistas? Brasília também não era uma Utopia?

HOMEM 1 / JÁ COMO PSICANALISTA
Mas o senhor acha que ainda assim os pobres podem morrer em paz? Quem não for rico nem camelo vai entrar facilmente no céu pelo fundo de uma agulha?

SACERDOTE
Perdão, meu filho, mas isto é um confessionário. Você veio aqui para se confessar ou para vender seu peixe ideológico? Me parece que agora tenta uma provocação. Vamos, vamos, que pecados tem para confessar?

PSICANALISTA
Nenhum. Sou psicanalista, lido com o outro lado das almas. O avesso. O que os ingleses chamam de *wrong-side*. O lado errado.

SACERDOTE
Pois muito bem, reze três...

PSICANALISTA
Enquanto o senhor lida com o lado direito, *right*. Direito como oponente a esquerdo, direito como...

direito! O Direito! O lado absoluto da alma. Metafísico. Transcendental. Só se pode pecar desse lado. Do seu lado. A alma que está do lado avesso, que é a natural, de uso diário, do meu ponto de vista profissional não peca – adoece.

SACERDOTE
Muito bem, e então o que é que o senhor veio fazer aqui?

PSICANALISTA
Buscar respostas. Que, confesso, já não me satisfazem na libido, no ego, no id, nos complexos, nas repressões, esse babado todo.

SACERDOTE
E o senhor acha que estou satisfeito com meus padre-nossos e ave-marias?

PSICANALISTA
Pelo menos não têm efeitos colaterais. Nunca vi ninguém ter depressão por excesso de reza. Mas, embora contidamente, vejo que o senhor se impacienta.

SACERDOTE
Tenho uma infinita paciência, meu caro...

PSICANALISTA
O senhor está irritado.

SACERDOTE
(*Irritado.*) Eu não me irrito. Eu nunca me irrito.

PSICANALISTA
O senhor está negando o evidente. Não consegue esconder a sua irritação.

SACERDOTE
Não estou escondendo nada e até lhe digo que o contrário é verdade – o senhor é que é uma pessoa absurdamente irritante.

PSICANALISTA
Estou até surpreeendido em ver como o senhor, nosso maior Sacerdote, é facilmente irritável.

SACERDOTE
Facilmente irritável, porra nenhuma! O senhor é que... Deus! (*Se ajoelha, contrito, olhos no céu.*) Perdão, Senhor. (*Para o psicanalista.*) Mas sai daqui!

15

Letreiro – MUNDO-CÃO

(*Antes de começar a falar, o Homem 2, girando pelo palco, em silêncio, procura algum crime ou mistério. Pouco a pouco se reconhece o repórter policial Gil Gomes.*)

HOMEM 2
E foi aqui, em Somorra, pequeno povoado de Itapecirica, até ontem um reduto de paz nessa violência de São Paulo, e não só de São Paulo, do Brasil (*Se entusiasma com a própria eloquência.*) E DO MUNDO!, que hoje é todo cão, e cão policial – não há no mundo Toy-Poodle – é tudo cão de fila. Que mordem não como fazem os animais pacíficos, quando têm fome, pra se alimentar. Esses Dobermam estraçalham por prazer, trucidam por gozo (*Erra.*) telhatológico, têm orgasmo com a morte brutal e sem motivo. Que motivo pode oferecer para uma chacina a vida de duas velhinhas pobres, de 80 anos, para ser mais exato uma delas com 85 anos, e seis criancinhas, netas das duas velhinhas, com um ano, dois anos, três anos, quatro anos, cinco anos, seis anos, sete anos e oito anos – uma escadinha, senhores, uma escadinha de inocência com seus degraus destruídos sem dó nem piedade por pedreiros ensandecidos. Os próprios familiares. Os próprios pais. (*Aponta pros criminosos como se a câmara estivesse sobre eles.*) Maria e João, respectivamente com 30 e 32 anos. Já

tão monstruosos em tão tenra idade. Imaginem se a sociedade deixar que cheguem aos 40. Se não forem detidos enquanto é tempo. Liquidaram toda a família por um motivo que só podemos denominar de insólito. Por um motivo inacreditável – queriam ir a um baile funk, a um baile funk, senhores, sem o remorso de deixar as criancinhas sozinhas. Estes dois cabisbaixos, estes dois cabisbundos, são os indigitados elementos João e Maria. Me diz aqui, João: "As velhinhas está bem. As criancinhas, por mais doloroso que seja, se compreende. Mas por que esfatiou também o Poodle-Toy?" De Itapecirica para o mundo, Kill Comes, aqui... e agora.

16

Letreiro – CALÇADÃO

HOMEM 1 / OMAR KHAYYAM
(*Correndo, encontra Poetisa, que também vem correndo no calçadão.*)
Lúcia! Hei, Lúcia!

POETISA
(*Parando.*) Lúcia? Eu me chamo Lúcia?

KHAYYAM
Lhe dou minha palavra de honra.

POETISA
Tinha esquecido. Correu bem, Omar Khayyam?

KHAYYAM
Mais ou menos. Quanto você fez?

POETISA
(*Olha o cronômetro.*) Quatro quilômetros. Vinte minutos, seis segundos e dois décimos.

KHAYYAM
Ótimo tempo. Melhor do que o meu. Vamos tomar um suco.

POETISA
Nunca mais. Suco nunca mais.

KHAYYAM
O que então?

POETISA
Alguma coisa que não seja oferta nem recusa, nem joia nem promessa, nem coisa de beber, nada que voe ou sentimento que alguém já teve.

KHAYYAM
Eu continuo um poeta supimpa mas não posso te oferecer tanto nem tão pouco, a não ser que você aceite algo nem completo nem vazio, expressão apenas expressiva – continuo cheio de tesão por você, Loba.

POETISA
Mas que gasta, no gasto diário, mais do que pode, do que tem. Você é um perdulário, Omar Khayyam. Devia guardar algum tesão pra quando ficar velho.

KHAYYAM
Acredite – preciso mais de você do que da minha lamamota de 1500 cilindradas, carga eletrônica, vento no rosto, óleo 40, viscoflúido Castrol. Texaco não me emociona mais, isso é coisa passada, você é onde eu preciso reabastecer minha alma, de calma, você é meu único posto de serviço, minha frentista preferida. Você excede, Olga.

POETISA
Estou grávida. Resolve sozinho o teu dilema.

KHAYYAM
Marturbácio, *self-service*, Hermínia? Ah, ainda está zangada!

POETISA
Digamos desinteressada.

KHAYYAM
Por mim? Só por mim? Por mais alguém?

POETISA
Por si. Por ti. Por todos. Quase por tudo. Meu reino não é deste mundo.

KHAYYAM
E poesia, tua vida, não é deste mundo?

POETISA
A de que eu falo, não.

KHAYYAM
Não era o que você pensava quando descobrimos maravilhas e eu tentei sair de nós, do oeste, sermos só orientais.

POETISA

Nem isso dá mais, Khayyam. Tagore, Bashô não me seduzem – o tempo passa, deixa. Ouve.

KHAYYAM

(*Ouve.*) Ahn?

POETISA

(*Presta atenção.*) É o tempo passando. (*Grita.*) Ô tempo!

KHAYYAM

Deixa o tempo em paz.

POETISA

Eu o deixo. Ele não. Não me larga um instante. (*Sacode a roupa com a mão como quem limpa o tempo.*) Tá na hora, de levar o menino na escola. Tá na hora de ir tomar uma ducha. Tá na hora e depois já está no minuto. (*Põe alguma coisa no bolso dele. À medida que fala, vai se afastando dele.*) Tchau. (*Quando chega no extremo do palco fala.*) Como disse o tempo, do Edgard Poe: "Nunca mais". (*Some. Ele dá alguns passos como quem vai acompanhá-la. Desiste. Ela reaparece no outro lado do palco. Com um tom de última despedida.*) Nunca mais! (*Sai. Homem 1 parece ver outra garota. Acompanha-a com o olhar num círculo total de pescoço que ele completa com o corpo até fazer 360 graus. Pega o papel no bolso, lê.*)

Na história de nosso amor, um foi sempre
Uma tribo nômade, outro uma nação em seu próprio solo.
Quando trocamos de lugar, tudo tinha acabado.
O tempo passará por nós, como paisagens
Passam por trás de atores parados em suas marcas
Quando se roda um filme.
As palavras
Passarão por nossos lábios, até as lágrimas
Passarão por nossos olhos.
O tempo passará
Por cada um em seu lugar.
E na geografia do resto de nossas vidas,
Quem será uma ilha e quem uma península
Ficará claro pra cada um de nós no resto de nossas vidas
Em noites de amor com outros.

17

Letreiro – FÓSSIL

HOMEM 2 / NARRADOR
E, no meio disso tudo, sobrevive Eustáquio Jáera, funcionário do Banco do Brasil, aposentado compulsoriamente por tempo de desserviço, homem que ainda não se informatizou, isto é, ainda se espanta com as mudanças de costumes. Podíamos rodar com ele um filme chamado O ÚLTIMO PERPLEXO DA LADEIRA DOS TABAJARAS.
Eustáquio Jáera lê atentamente um jornal imaginário. O telefone toca três vezes. (*O Trrrim pode ser feito com a boca pelo próprio ator.*) Ao terceiro sinal, Estáquio dobra cuidadosamente o jornal, atende o telefone:

HOMEM 1
Alô. Eustáquio Jáera, aposentado compulsório do Banco do Brasil. Quem? Nonô? Ah, sim, lembro, claro, como não. Está bom? A família? Muito bem, obrigado. Está, sim. Um momento. (*Pro público.*) Pra minha filha. É sempre pra minha filha. Cristina! (*Mulher entra limpando as mãos numa toalha.*) É aquele teu amigo, Nonô.

MULHER
(*Atende o telefone.*) Nonôôô, seu safado, sumiu! Onde é que você anda? Pensei que tinha morrido! No Rio

de novo? (*Ouve longamente fazendo hum, hum.*) Não diz! É mesmo? Que maravilha! Você queria tanto isso! Homem ou Mulher? Homem? É bonitinho? Puxa, você queria tanto! Tua mãe deve estar felicíssima. Tá. Tá. Tá bem, te encontro lá. Às oito. Tá. (*Desliga.*)

HOMEM 1
O Nonô teve filho?

MULHER
Não. Casou.

(*RISOS MECÂNICOS. Ator mostra cartaz: APLAUSOS.*)

18

Letreiro – SUPERPOPULAÇÃO II

(Nesta cena os três atores repetem, com as modificações que quiserem, a interpretação do primeiro quadro SUPERPOPULAÇÃO. Fazem como se fossem uma pequena multidão em trânsito, comentando coisas normalmente. Um anda pra cá, outro anda pra lá, dois passam numa direção, um passa em outra, os três passam juntos. Andam. Param. Ora de longe, ora de perto. A possibilidade é rica, a representação mudando de velocidade, lenta ou frenética. No fim a luz vai descendo. Algumas frases já são faladas no escuro.
Como a coisa é feita para dar a impressão da neurose do mundo, as frases podem ser mudadas de acordo com a época da representação, desde que conservando a ideia da neurose.)

1
Estranhos movimentos bélicos no cemitério.

2
Manobras suspeitas no Candomblé.

3
Explosões solares.

4
Prenderam os adoradores de beterraba.

5
Conspiração internacional dos crupiês, delatores e falsificadores de selos.

6
Orgias no andar de cima.

7
Bacanais no andar de baixo.

8
Tudo em contêineres para os traficantes; mosquitos gigantescos, elefantes diminutos, jigabós e telemacos e aquele som.

9
Baianos elétricos.

10
Gaúchos radioativos.

11
Materialistas sem Deus.

12
Deus sem materialistas.

13

A volta de febre amarela, agora em azul, rosa e rosa shoking.

14

"Vodu", magia negra, macumba, maçonaria, monossódio e hexacloreto de coentro.

15

Jornais sem revisão.

16

Chupadoras elevam preço do boquete em Sunset Boulevard.

17

Sooocoorro!

18

Conspiração internacional dos ratos de sacristia.

19

Agências de publicidade.

20

Igualdade de direito para os motoristas cegos.

21

Puritanos à solta. Voos charters cheios de velhinhas americanas.

22

Descendentes de nazistas vivem entre os caiapós.

23

Clones de Chicos Xaviers e Greens Mortons invadem o Pantanal.

24

Estrôncio Diet.

25

Alcóolatras anônimos.

26

Alcóolatras famosos.

27

Alcóolatras chatos.

28

O câncer não é uma doença. É uma indústria.

28A

Onde anda o Boa-Viagem?

29

Bombas atômicas extraviadas encontradas na Catedral de Brasília.

30
Socoorrooo!

31
Conspiração internacional dos vendedores de UTIS e CTIS.

32
Ditadores analfabetos decretam analfabetismo em massa.

33
Rompimento de gigantescos interceptores de cocô.

34
Choque entre dois petroleiros com um bilhão de toneladas de petróleo,

35
A maldição do sangue de pantera.

36
Sexo oral, sexo anal, sexo orelhal, sexo digital, sexo manual.

37
SEXO NORMAL!!! Brrr!

38
Flanelinhas.

39
Socorro!

40
Três mil canivetes suíços para mulheres castradoras.

41
Um horror o efeito da Cock diet. O Cock do meu marido ficou deste tamanhinho.

42
Os raios manta não são nada. O que me apavora são os pintores primitivos.

43
Meu filho fracassou inteiramente como ladrão.

44
Ninguém escapa. Setembro Negro! A máfia! A lei e a ordem! A decadência da sodomia. O som universal. O pós-moderno! (*Os três atores agora estão juntos, formando pequeno círculo no meio do palco.*)

HOMEM 1
E cada vez tem mais gente! (*Entra uma pessoa, dá dois passos para dentro do palco, fica estática, em posição ameaçadora.*)

HOMEM 2

E cada vez tem mais gente! (*Entra uma pessoa, dá dois passos para dentro do palco, fica estática, em posição ameaçadora.*)

MULHER

E cada vez tem mais gente! (*Entra uma pessoa, dá dois passos para dentro do palco, fica estática, em posição ameaçadora. Luz mosquito sobre ela. Outra pessoa, mesmo jogo. Outra pessoa, o mesmo. Luz desce lentamente até blecaute.*)

NOTA DE PRODUÇÃO: A aparição de outros personagens nesta cena será feita com quaisquer pessoas que estejam disponíveis nos bastidores – maquinistas, camareiras, até visitas. A frase dos atores, "Cada vez mais gente", será repetida tantas vezes (começando normal-alto e baixando de tom denunciando medo, até quase inaudível) quantas pessoas houver disponíveis. Isso acrescentará importância posterior ao espetáculo. Aqui pode-se, algumas vezes, conseguir um efeito sensacional, sem aumento de custo, convidando (em qualquer parte do país) alunos de teatro ou estudantes, ou seja lá o que for, para participar da cena, como farra, um dia. Perderão apenas a própria cena e poderão ver o espetáculo.

19

Letreiro – CONSULTA

SACERDOTE
(*Entra vagaroso. Temeroso, olhando em torno. Hesita.*)

PSICANALISTA / HOMEM 2
(*Se curva, beija-lhe o anel.*) Santidade, demasiada honra. Sua visita é um milagre, permita-me usar essa expressão. Sente-se, por favor. (*Como quem empurra a poltrona mais confortável.*) Não digo que esteja como em sua casa pois nada aqui se compara ao conforto de lá – o supremo conforto espiritual.

SACERDOTE
Fique à vontade o senhor. Vim para que me perdoe por eu ter me irritado... (*Ri.*) tão facilmente.

PSICANALISTA
O senhor é quem me deve perdoar, Sacerdote, um profissional não devia usar o truque que usei. O mais tranquilo, o mais santo dos seres, não resiste quando dizem que é facilmente irritável. (*Os dois se abraçam ternamente. Leve beijo na boca.*)

SACERDOTE
Quero que me trate como qualquer outro paciente. (*Com esforço deita-se, como num sofá de psicanalista.*)

PSICANALISTA
Paciente, Santíssimo? É natural que eu o tenha procurado, a Igreja é universal. Mas o contrário é surpreendente – o que é que a psicanálise, tão nova, tão insegura, pode lhe oferecer? Quando o seu sacristão me telefonou, disse que Sua Santidade queria um encontro comigo, fiquei absolutamente *flabergasted*.

SACERDOTE
Como assim?

PSICANALISTA
Perdoe o termo, é comum em inglês. Uso quase sem querer. Aturdido. Perplexo. Como eu poderia pensar? O senhor não estará me gozando? Indo à forra? Consultar-me? Meu padre, apesar de psicanalista, sou um homem esclarecido e por isso mesmo também cheio de dúvidas. Se Ele (*Aponta pra cima.*) não nos ajudou a afastar os males genéricos, como pensar que tenha feito ou poderá fazer algo para nos afastar do Mal, do Mal uno, indivisível, que um dia vai nos levar a todos nós, pecadores, ao Hipopótamo eterno?

SACERDOTE
Meu caro doutor, apesar de Bispo, Prelado, Bonzo, Diácono, Santo Homem, etcetera, sou também uma pessoa esclarecida. E, refletindo sobre minhas próprias dúvidas, aceito dúvidas alheias, nunca antes propostas. O senhor falou, até contrito, na palavra Ele. Tenho bom ouvido, o senhor falou até com letra maiúscula. Examinemos esse

Ele num conceito novo. Por que tudo tem que ser antropomórfico, à imagem do Homem? E não só homem como ser humano mas homem como macho. Antropologismo machista. As Mulheres lutam agora para que não se esqueça de que mesmo a antropologia tem duas faces, macho e fêmea. Deus pode ser uma Mulher. Por que não aceitarmos uma ginecopologia religiosa?

PSICANALISTA
E por que não? Já houve e nós a perdemos. Mas se pode ser Mulher porque não pode ser uma árvore? A árvore não faz parte da natureza de Deus? Frondosa, acolhedora, frutífera, pacífica.

SACERDOTE
Extremamente gentil. Nunca vi uma árvore de costas pra ninguém. Uma árvore, por que não? Com uma nítida superioridade sobre a Mulher – é muda.

PSICANALISTA
Ou se comunica conosco numa linguagem poética que ainda não entendemos. Só quando murmura ao vento. E um animal? Que diz de um animal?

SACERDOTE
(*Se levanta, como quem vai embora. Psicanalista se levanta também.*) Não chego a tanto. Confesso que ainda me soa como uma grave heresia.

PSICANALISTA
Mas quem transformou animal em pejorativo? O Homem, quer dizer – o ser humano. Que deu à palavra animal a pecha de inferior, irracional, feroz. (*Os dois começam a andar para se despedir.*) Os animais reagiram chamando o homem de que, com seus grunhidos, com seus miados, com seus rugidos, com seus latidos? De quê?

SACERDOTE
De quê? Confesso que não sei.

PSICANALISTA
De nada. Nunca chamaram o homem de nada (*Ri estupidamente.*), ah! ah! ah!

SACERDOTE
(*Ri também, discretamente.*) Tem razão. Essa é boa. Bem pensado. (*Reflete.*) É. Na manjedoura havia animais. Como saber e interpretar desígnios mais altos? Quem era o Deus ali? Naturalmente o homem. Um ser humano. Porque os seres humanos se reconheceram nele. (*Continuam andando devagar, para sair.*)

PSICANALISTA
Mas, veja, a língua inglesa chama Deus de God. God não seria apenas um erro milenar de interpretação? De tradução? Nós sabemos como os intérpretes mal interpretaram as palavras do Evangelho através dos tempos. Deus não poderia ser Dog? Um cão? Au, au? Não é mais DOGmático?

SACERDOTE
Sim. Sim. Por que não? O cão é um ser humano como outro qualquer.

(*Os dois saem. Luz baixa até blecaute absoluto. Depois de trinta segundos, ouve-se um latido longínquo e prolongado. Depois mais três latidos soturnos, doridos, com reverberação de som.*)

20

Letreiro – FACHADAS

HOMEM 1
Daqui vê-se toda a cidade. A entrada da barra, que os portugueses pensaram que era um rio e, como era abril, chamaram de Rio de Janeiro. (*Música de Tom Jobim, cinco segundos.*). Ali o morro Antônio Carlos Jobim, antigamente chamado Pão de Açúcar. Lá no alto coisa tipicamente carioca, o sol. Sol cheio, redondo – não é como na terra de vocês, de sol minguante. Tali ele, reparem, caminhando de um dia a mais um dia, enquanto na Clínica Radamalho, o dr. Sumidade, cirurgião cosmético imbatível, faz a quarta operação do dia na cara da mesma bisavó, que já tem idade pra ser a própria neta.

(*Luz se eleva aos poucos. Fechada e dramática sobre Sumidade, operando. Enfermeira, não visível, ao lado.*)

HOMEM 2 / SUMIDADE
Infra! (*Enfermeira obedece. Sumidade pega a peça, usa.*) Retilínea dupla. (*Pega a peça, usa.*) Treco fino. (*Pega uma peça bem grossa.*) Euterpe dourada (*Pega. Usa.*) Pressuposto (*O mesmo.*) Puxa-puxa. (*O mesmo.*) Achincalhe (*O mesmo.*) Qualquer um! (*O mesmo.*) Dólar. (*Mímica da enfermeira, com uma e outra mão, como quem põe pacotes de notas na mão dele. Blecaute.*)

21

Letreiro – AMICHAI

(*A luz sobe lentamente sobre Homem 1 - Psicanalista, que entra lendo uma folha de papel. Poetisa entra também, lentamente, do outro lado do palco, para junto dele.*)

PSICANALISTA
Isto é um poema de homem.

POETISA
Poesia não tem sexo.

PSICANALISTA
Poeta tem.

POETISA
Você está com ciúmes de mim ou do poema?

PSICANALISTA
Você é ótima, eu sempre disse. Mas não tem esse talento todo.

POETISA
Você não tem talento pra entender meu talento. Não é uma ofensa. Você tem talento pra psicanálise, uma percepção limitada.

PSICANALISTA
Não é uma ofensa; a percepção é limitada pelo que tem a perceber. Meu limite de percepção foi ampliado agora por você mesma. Isto é admirável. A melhor poesia que eu já li. Parabéns pelo teu amante. Onde você descobriu esse gênio?

POETISA
Não precisa temer. Vive muito longe.

PSICANALISTA
Onde?

POETISA
Por trás de minhas pálpebras. Onde vejo outros mundos.

PSICANALISTA
Mas isto é escrito em papel. Onde?

POETISA
Em Israel.

PSICANALISTA
Judeu?

POETISA
(*Ri, superior, do óbvio.*) Ninguém é perfeito.

PSICANALISTA
Como você o conheceu?

POETISA

Não o conheço. Só sei, só acho, que é o maior poeta que já li.

PSICANALISTA

Você anda indo muito a cinema. Nunca te vi, sempre te amei.

POETISA

Ele não sabe que eu existo. Nem vai saber.

PSICANALISTA

Você copiou o poema?

POETISA

Não, escrevi.

PSICANALISTA

Isso? Assim? De repente? Um salto qualitativo?

POETISA

Recebi. (*Sinal místico.*)

PSICANALISTA

Mensagem do além?

POETISA

Do aquém. O poeta está bem vivo. Um velho guerreiro. Nasceu cercado por desertos que se transformaram em oásis. Participou daquela luta: uma terra sem povo para um povo sem terra. Um passado invejável. Cheio de cicatrizes. Evangelhos. Profetas injustos furibundos. Sacrifícios. História. Milhares de anos incorporados aos setenta de vida pessoal. Que vontade eu tenho de ser judia. Onde eu nasci o chão não tem história. Agora que descobri Amichai sei por que jamais conseguirei expressar minha ânsia. Ela está no vazio. É rasa e rala. Não há mistério em águas transparentes.

PSICANALISTA
Você pegou isto na internet?

POETISA
Chama como quiser. Serve transmissão mediúnica?

PSICANALISTA
Sou um psicanalista sério.

POETISA
Existe?

PSICANALISTA
Perdão. Acredito no que você quiser – astrologia, feitiçaria, vodu, qualquer quimera. Estou realmente *flabergasted*. Me diz a última verdade.

POETISA
Há alguns anos que eu o escrevo.

PSICANALISTA
Você lhe escreve.

POETISA
Eu o escrevo. Mais tarde o leio, quando ele publica, algum tempo depois. Fulminante prazer. Quando eu o leio. Não quando eu o escrevo.

PSICANALISTA
Um duplo? Você é um duplo? Repetidora por antecipação. Sabemos que isso é possível – o tempo linear já foi ultrapassado. Você é um clone? Plagiária do futuro? (*Com carinho.*) Você está louca?

POETISA
Você pode dizer melhor do que eu. É especialista. Eu me acho um fenômeno natural, sem explicação. Nem quero explicação. Há mais coisas entre o céu e a terra do que percebe a tua vã psicanálise. Voltamos ao início, nosso eterno retorno – você acha que eu tenho talento?

PSICANALISTA
Tem. Já te disse mil vezes.

POETISA
Você acha que eu tenho esse talento todo?

PSICANALISTA
(*Olha o papel inexistente, longamente.*) Não!

POETISA

Então? (*Blecaute sobre Poetisa, enquanto ela sai. A luz vai descendo lentamente sobre Psicanalista, enquanto ele olha o papel inexistente, longamente, refletindo, até blecaute.*)

22

Letreiro – TURISMO II

HOMEM 2 / NARRADOR
Visite O PEDAÇO! Quatro dias excepcionais! Assaltos e achaques na terra de Marlboro.
Casais libertos e liberados tentando transgredir tudo o que já foi transgredido, no tédio nosso de todos os dias.
Boate na beira da lagoa, visão de um ou outro cadáver boiando à luz da lua. Como dizia o outro – já temos o nosso Ganges. Vaca sagrada é que não. Foram todas pro brejo.
Céu preto negro, schwarzenegger, uma ou outra garota, os peitos de fora, passeando romanticamente com seu namorado. Os homens sem poder botar nada de fora porque pau duro é uma glória mas pau mole é patético. Muitos sussurros românticos entre namorados. (*Os dois homens se dão o braço, fazem casal, sem veadagem.*)

HOMEM 1
Tudo considerado, como eu te contei no início, a vida causa a morte.

HOMEM 2
Mas sem a morte a vida seria insuportável.

HOMEM 1
Todo mundo se suicidava.

MULHER
(*Que passa.*) Meritíssimo, vai levar pra casa ou quer que chupe aqui mesmo?

(*Os dois homens se separam, Homem 1 se junta à Mulher; Homem 2 vira Narrador outra vez. Tudo feito sem qualquer intenção.*)

NARRADOR
Tudo isso, e mais que isso, acontece nestes vinte quilômetros quadrados de areia e esculhambação, cidade preferida por todos que não preferem outra.

MULHER
A pátria de meus pais e meus avós.

HOMEM 1
Devemos insistir na imagem do útero quando falamos de pátria?

MULHER
Há outra? Tua pátria é no Amazonas?

HOMEM 1
Começa na minha porta e termina no meu quintal.

MULHER
Playground. Não há mais quintais. Não há mais terrenos baldios. Não há mais nada baldio. O mundo está lotado. Cometemos o erro trágico, há dois mil anos,

não aceitando o planejamento familiar de Herodes. (*Para. Olha pro alto. Se curva para trás olhando bem pro alto. Vem até o proscênio. Olha longamente para o público. Volta à posição primeira, diz, em tom bem natural.*) Minha pátria começa em minhas coxas. (*Pausa.*) Minha pátria termina em minhas coxas. (*Dá uma volta lenta sobre si mesma.*) Pátria fodida.

HOMEM 1
Você ainda vai se arrepender. (*Som da canção da Piaf. Mulher canta ou fala.*)

MULHER
Non. Rien de rien. Je ne regrette rien. (*O acompanhamento fica muito alto. Ela leva as mãos aos ouvidos. O som para subitamente. Ela tira as mãos dos ouvidos. O som volta. Repete isso várias vezes. Fala para a cabine de som.*) Chega! Tem som demais no mundo!

NARRADOR
Não perca esta viagem. Uma ou duas dezenas de intelectuais de gênio transformaram este pedaço de terra infernal, cheia de pássaros e flores insuportáveis, praias e águas perigosamente limpas, num paraíso de edifícios sem garagem, instalações artísticas de sacos de lixo nas calçadas e cenas de bang bang emocionantes com roteiro de Tarantino e interpretações humilhantes para Stalone. É isso aí, malandro; enredo, aqui, não falta. A estadia de quatro dias com tudo pago fica por

apenas 380 reais. Peitos e nádegas às pampas – vinte reais cada. Sexo oral é como tem que ser, boca livre.

HOMEM 2
É terra dos meus pais e de meus avós. Por isso jamais vou viver aqui. Você, que também está cheio da sua cidade, aí na França ou nos Estados Unidos, porque tudo virou a mesma merda, não perca a oportunidade de conhecer o cocô do cavalo do bandido dentro da quarta corrupção do mundo. E conhecer pensadores que não pensam, travar discussões sobre como não discutir porra nenhuma e ser PhD em PhD de PhD em apenas três meses. Encontro com o jeitinho carioca e com o estado de espírito. Famosas úlceras do duodeno. (*Luz desce.*)

23

Letreiro – POSIÇÕES

(*Psicanalista e Sacerdote passeiam pelo palco, de costas, como faziam os peripatéticos.*)

PSICANALISTA
Mas Sua Santidade não acha que a sublimação de alcance religioso pode ter resultado melhor do que ficarmos mexendo no lodo da alma humana com a varinha mágica da irresponsabilidade da psicanálise?

SACERDOTE
Hei, hei, hei! O senhor está admitindo como se o próprio milagre, do qual eu, lhe confesso... Um momento! Façamos assim. (*Para e começa a passear pra trás. Volta ao Psicanalista.*) Experimente. Vai refletir melhor?

PSICANALISTA
(*Começa a andar de costas. Erra o passo, acerta, bate em alguma coisa, se desvia, acerta.*) Que é isso? Uma nova experiência mística?

SACERDOTE
Velha como os tempos. Era usada por Aristóteles no peripatos, quando queria discutir com seus discípulos. (*Daqui em diante eles andam sempre de costas. Tirar efeitos disso.*) Peripatéticos.

PSICANALISTA
Vê? Eu ignorava.

SACERDOTE
(*Acenando para o público, mas não obviamente.*) A maior parte desses intelectuais aí, também. (*Fala, depois de um tempo de passeio.*) Como eu ia lhe dizendo, desde o Iluminismo a Igreja cede à ciência tudo o que esta legitimamente reivindica. Por isso continuamos contra o aborto e o fio-dental.

PSICANALISTA
Mas a psicanálise, afinal apenas materialista, não estaria invadindo indevidamente a parte da alma que trabalha só para a religião?

SACERDOTE
A psicanálise não é uma ciência, é uma especulação esotérica, e a alma, como o senhor bem diz, é apenas parcialmente religiosa – Deus a fez holística, engloba tudo. O corpo lhe é fundamental.

PSICANALISTA
Mas a religião põe a alma acima do corpo humano. A alma sobrevive a ele, como ninguém ignora.

SACERDOTE
A psicanálise não diverge disso. O senhor encontra sempre, no sonho de seus pacientes, almas que já desapareceram das ruas. Os sonhos não vêm do indivíduo,

vêm de mais longe, de gerações e gerações passadas. Ou não se explicam. A alma religiosa e a alma psíquica talvez sejam a mesma.

PSICANALISTA
Sua Santidade toma alguma coisa?

SACERDOTE
Obrigado, tomei um Porto, como desjejum, dois pequenos cálices de Orvieto na refeição do meio-dia, e confesso que me excedi um pouco na dose de vinho da comunhão.

PSICANALISTA
Nada excessivo, que altere o emocional. Nem dá para afetar o metabolismo.

SACERDOTE
Concordo. *Vinum bonum laetificat cor hominis.*

PSICANALISTA
Desculpe, levei pau em latim.

SACERDOTE
O bom vinho alegra, isto é, deixa mais leve o coração do homem.

PSICANALISTA
Graças a Deus. Que abençoou este país, como é sabido e cantado.

SACERDOTE
Fico pensando nos que ELE (*Acentua.*) não abençoou. Teria ELE errado no nosso?

PSICANALISTA
Sua santidade admite erro de Deus?

SACERDOTE
Quando escreve por linhas certas. E nos obriga à busca das retas, das paralelas, aquelas que só se encontram no infinito.

PSICANALISTA
As paralelas se encontram e se cruzam em toda parte. Basta olhar os trilhos dos terminais ferroviários. Como todos nós, na busca do outro.

SACERDOTE
Nós acabamos antes de nos encontrar. Tropeçando em carcaças do que foram montanhas de minérios, mergulhando no pecado e procurando a redenção, sufocados entre a criação e a cremação.

PSICANALISTA
A cremação já não é mais uma heresia?

SACERDOTE
Não mais. Agora que os horizontes estão se aproximando e ameaçam nos esmagar a todos. Já reduzimos os sete palmos de terra a uma gaveta de cimento. A imortalidade

não cabe nesse espaço. A vida eterna virou um sufoco. Só nos resta a cremação, que não ocupa espaço.

PSICANALISTA
As cinzas voam para o além.

SACERDOTE
Libertam nossos corpos deste mundo, ventre fechado e estéril.

PSICANALISTA
Sua Santidade não acredita que haja uma perspectiva, não temos um horizonte?

SACERDOTE
O John Wayne e o Shane foram os últimos que desapareceram no horizonte. Há sempre outro horizonte no horizonte. Só desaparecemos no horizonte para os que permanecem. *Servius suctus est, hic cum nobis, hanc urbanam militiam respondendi, scribendi, cavendi, plenam sollicitudinis.* (*O latim deve ser dito bem claro, palavra por palavra. O público não vai entender. Mas deve soar bonito.*)

PSICANALISTA
(*Também bem silabado, para ser entendido mesmo pelos que não sabem inglês.*) *Life close to death at the body of a car on the roadside. Rust more eternal than blood, more beautiful than the color of flame.*

SACERDOTE
Didicit civile jus: vigilavit multum; laboravit; perpessus est stultitiam multorum: vixit ad arbitrium aliorum, non ad suum.

PSICANALISTA
Wind that is time alternates with wind that is place, and God remains on earth like a man who thinks he forgot something and stays until he remembers. (Blecaute.)

24

Letreiro – MERCHANDISING

(*Plim-Plim. Luz televisiva, bem arco-íris, se acende sobre Mulher-Locutora.*)

LOCUTORA
Aqueles dias já passaram, são dias que não voltam mais. Dias de nostalgia, do tempo da vovó. Retilínea, delgada e delicada, com super camada protetora, chegou para mostrar que a condição feminina era apenas mais uma imposição machista. Com Retilínea me sinto absolutamente segura, e aqueles dias são dias como todos os dias. Retilínea. Nas cores rosa, branca e areia. Retilínea. Transforma a menstruação numa afirmação da feminilidade. E em mais uma fonte de alegria na vida da Mulher. (*Blecaute. Luz imediata sobre Homem 1.*)

25

Letreiro – RUGGERO

HOMEM 1 / NARRADOR
Mas há um submundo que não é marginal, para o qual muitos saem deste mundo, maravilhados diante de outro universo, que passa pelos limites do possível e sai para o além. Buscando também, talvez, a alma, por uma terceira via. Num pequeno laboratório emprestado no Fundão, num pequeno microscópio (*Irônico.*), pequeno mas potentíssimo, o dr. Ruggero... (*Luz se acentua sobre Ruggero, que parece meditar sobre um microscópio.*)

MULHER
...Pierantoni. Ruggero Pierantoni. Do Instituto Max Planck. De Tubinga. Da Itália.

NARRADOR
O dr. Ruggero... (*Faz sinal interrogativo com a cabeça.*)

MULHER
Especialista em aspectos biofísicos da comunicação animal... olha e reflete.

NARRADOR
...O dr. Ruggero olha e reflete.

RUGGERO
Há três anos, já, exploro este universo microscópico de formas, contido num cubo de quinze milésimos de milímetro de lado. Não terminarei nunca de conhecê-lo. A obra permanecerá inconclusa, e nenhum mapa deste espaço imenso jamais será traçado. Este pedaço de matéria, infinitamente denso, é uma porção infinitesimal de uma retina de tartaruga. Morta há tanto tempo já, que sua memória existe apenas no protocolo do laboratório. Uma delicada caixa de plástico branco contém todo este fragmento histológico. Na caixinha estão cavados cinquenta pequenos losangos: cada um deles contém um disquete de cobre. Cinquenta disquetes. Cada disquete é cortado por três fendas; 150 fendas. As 150 fendas têm, sobre uma superfície imensamente delicada de plástico transparente, uma secção de retina de um quarto de milímetro de lado. Cada fenda contém dez secções. A caixinha branca abriga mil e quinhentas secções, cada uma delas de um centimilésimo de milímetro. Nanomilímetro. (*Pausa. A luz desce um pouco.*) Aqui eu me perdi. (*Pausa.*) O tempo necessário para descrever e compreender é sempre maior do que qualquer tempo imaginável. E aumenta com a complexidade da cultura. (*Pausa.*) Que nos contentemos, então, com fragmentos, lampejos, sobressaltos, seduções imprevistas. Renúncia definitiva. A tentativa de escrever meu livro nasce da surpresa dolorosa desta fundamental ignorância.
(*Luz desce bem lentamente.*) E da surpresa inexaurível de (*Já no escuro.*) poder ver.

26

Letreiro – INTERNACIONAL

(*Luz tremelicante sobre Homem 2 / Locutor.*)

LOCUTOR
Plim, plim. ÚLTIMA HORA. Foi desmentida agora, oficialmente, pela Santa Sé, a notícia do casamento secreto do Papa com Madre Teresa de Calcutá. Mais tarde outro desmentido desmentiu parcialmente o primeiro: o Papa teve apenas durante alguns anos uma relação íntima com Sofia Loren. A notícia não estourou como uma bomba em lugar nenhum, porque nada mais abala moralmente coisa alguma em qualquer parte.

HOMEM 1-LOCUTOR
Madre Teresa de Calcutá não foi encontrada na internet. (*Blecaute.*)

27

Letreiro – FULANINHA

HOMEM 2 / NARRADOR
Este é um bairro de silêncio. Cada morador paga para que não haja música nem nada que afete os ouvidos dos moradores. A prefeitura está proibida de promover... (*Faz cara de nojo.*) eventos musicais. Mas já há uma proposta no Senado para considerar crime hediondo, sem direito a fiança, música ambiental ou tocada violentamente em frente a moradias honestas. Porque a música, diz o legislador, é a única arte que nos ataca pelas costas. E quem está ali, mal vista na sombra, (*Como se fosse para câmaras.*) mais perto, por favor – é Fulaninha Teixeira, caixa da padaria durante o dia, onde ganha o pão com o suor do seu rosto. Close agora, por favor. Fulaninha, encurralada no muro, faz seu *free-lance* durante a noite, come, por assim dizer, o pau, perdão, o pão que o diabo amassou. Faz trabalho de sopro, especialmente em juízes e atores de cinema. (*Dois vultos no escuro fingindo felácio exageradamente. Gemidos caricatos.*) Compre Pão-Pão Queijo Queijo o pão de queijo sem colesterol, sem aditivos. (*Pausa.*) E sem queijo.
Mas Fulaninha é uma Mulher honesta e entrega tudo que ganha ao E.S., seu empresário sexual, nosso já bem conhecido – Canepa Boa-Viagem. (*Fulaninha entrega tudo que tem a Boa-Viagem.*)

BOA-VIAGEM
(*Recita.*) Sou Canepa Boa-Viagem.

FULANINHA
Boa-Viagem, amigão de tanto tempo. Foi o número um de vendas fraudulentas de terrenos em Terramares, foi o número um de vendas de camisinhas de segunda-mão – se se pode chamar assim, foi o melhor massagista de gays em Várzea de Piratiba, campeão de porrinha na fila do INPS em São Cristóvão, em 1974...

BOA-VIAGEM
...frentista do posto 6, da Petrobras, em Botafogo, e acima de tudo, pra não encher mais minha modéstia, enterrador de tudo que é pra enterrar, sobretudo, desculpe, madame, o essencial, antes que enferruje por falta da necessária lubrificação e tais e coisa. Tudo no bom preço de antigamente; paga uma e leva três. E bota leva nisso.

HOMEM 1
João, mas o Boa-Viagem ainda precisa disso? Está ficando rico.

HOMEM 2
Como rico! Eu sou do ramo. Funerária é uma profissão que está morrendo.

HOMEM 1
E o que é que você vai fazer?

HOMEM 2
Sei lá. Mas agora sou eu que não tenho onde cair...

HOMEM 1
Morto?

BOA-VIAGEM
Eles não se viram, não se viram. É preciso coragem, madame. Integridade. Compaixão. Porque enterrar se enterra. As qualidades essenciais do papa-defunto ainda existem em todo brasileiro – precisamos acabar com essa ideia de que só os italianos enterram bem. (*Grandiloquente, como em anúncio de televisão.*) Descubra os valores essenciais de cada vida para poder agir melhor na sua morte.

HOMEM 2
Mas dizem que foi numa dessas (*Insinuando proxenetismo.*) que você pegou Aids.

BOA-VIAGEM
E daí? Aids agora também é doença de macho. Mas peguei primeiro radiotividade que, não sei se sabem, dá um tesão adoidado. Aí passei a traçar gato e cachorro e também peguei Aids. Quer dizer – cerquei a morte pelos sete lados. Foi o que eu sempre fiz na vida. Numa boa! (*Canta, de qualquer maneira. À capela.*) *Adiós, muchachos, compañeros de mi vida, barra querida, de aquellos tiempos. – Se terminaram para mi todas las farras.* (*Outra parte.*) *Me toca a mí hoy emprender la*

retirada (Abrangendo também o público.) Les doy con toda mi alma.
Mi bendición. (Sai.)

(Como no quadro 18, além dos atores, quem estiver disponível nos bastidores gritará alegremente: "Adeus, Canepa!"/ "Que te vayas bien, Boa-Viagem!"/ "Adeus Boa-Viagem!")

28

Letreiro – DECISÃO

(*De novo Sacerdote e Psicanalista andando para trás, peripatéticos.*)

SACERDOTE
Às vezes me pergunto se a alma não é mais material do que supomos nós, os religiosos, se um milionésimo de Litium não vale mais do que as quinze dezenas de ave--marias e os quinze padre-nossos deste... Sinto que a alma me escapa entre as 165 contas deste meu rosário.

PSICANALISTA
E nós somos os guias, assim perdidos?

SACERDOTE
Nós somos os guias porque nos sabemos perdidos. O governador do Estado, o ministro do exército, o banqueiro economista e o economista banqueiro esses são o perigo – porque não estão perdidos. São líderes, sem dúvida. Porque são líderes sem dúvidas. Caminhando para o Grande Canyon. Nos arrastando a todos como o Flautista de Hamelin arrastou os ratos.

PSICANALISTA
Os ratos já se tornaram imunes ao som de flauta. (*Pausa.*) A quem procuramos então? A quem nos queixa-

mos? Ao bispo? Alguém ainda se queixa ao bispo? Que aliás sempre foi impotente, porque ir se queixar ao bispo queria dizer uma queixa inútil. Continuamos nos ajoelhando diante de um Cristo intermediário, que só admiramos em pedra e em letras de canções populares "Da janela vejo o Corcovado, o Redentor, que lindo!"? De nada adianta eu me ajoelhar diante do senhor ou o senhor se deitar no meu divã.

POETISA
(*Surgindo inesperadamente.*) Só há um caminho. (*Anda pelo caminho, de cabeça baixa, que aos poucos vai levantando, em beatitude.*) Emocionante e definitivo para a felicidade humana (*Longa pausa.*) – a Poesia. Mas é para poucos, muito poucos, dez, cem, mil, não mais do que isso numa população de seis bilhões. Há menos iluminados de poesia do que santos nessa hagiolotria infa que vocês pregam. Como diz nosso Grande Sacerdote (*Indica com a cabeça.*), repetindo a Bíblia, sem saber que fala do que eu falo: "Muitos serão os chamados e poucos os eleitos". Em todos os tempos, noventa por cento do que se faz no mundo, do que vai às livrarias, do que chega às universidades, do que sobe aos palcos e procura seduzir mentes e corações, conspurca o sagrado nome da Poesia. Desde o Cântico dos Cânticos até esses Ginsbergs de hoje, tudo é merda pura.

SACERDOTE
(*Escandalizado.*) Mesmo o Cântico dos Cânticos? (*Mulher faz gesto de desprezo.*) A Divina Comédia?

POETISA
Politicagem. Ressentimentos medíocres. Arquitetura ruim.

PSICANALISTA
O Amante de Lady Chatterley.

POETISA
É um romance, ignorante. Podia ter poesia, a poesia não é só o que se chama de poesia, mas não tem poesia nenhuma. A não ser que você consiga ver poesia naquela babaquice – aliás absolutamente improvável – de um garanhão analfabeto botar miosótis na piriquita da amante, uma burguesa frustrada, com um marido brocha. Onanismo barato. Erotismo de amador. Literatura de punheteiro. Sobra um verso de Cabral, uma linha de Auden, o sentimento de Yehuda.

SACERDOTE
Neruda? Também gosto muito.

POETISA
Lixo, sua besta. Neruda é lixo político. Comício – mesmo quando apaixonado. Eu disse Yehuda. Você jamais saberá quem é, se souber não poderá ler, e se ler jamais entenderá. Fique com suas almas estéreis, engane-as com suas palavras teológicas, prometa-lhes esse teu céu, que até como arquitetura é infinitamente inferior ao céu maometano. (*Some.*)

SACERDOTE
Que audaciosa. Não se chama um sacerdote de besta. Você conhece?

PSICANALISTA
Não. É minha Mulher. Eu não a conheço há mais de vinte anos.

29

Letreiro – DILÚVIO

IMPORTANTE: este quadro, final, é o único que tem cenário. Enquanto a NARRADORA fala, se acende, ao fundo, grandes quadrados, como vidros embaçados – janelas irreais. Por eles, de maneira dramática, escorre água de chuva, grossa. O som deve ser de chuva forte caindo sobre telhados de zinco, naturalmente equilibrado com as falas.

MULHER
(*NARRADORA – ou Poetisa, o espectador é que decidirá.*) Neste fim de dia, neste fim de agosto, desaba o céu sobre as ruas, os edifícios, a vida está empapada de água e lama. Poças e charcos fazem da cidade uma Veneza sombria. Ah, como é triste Veneza! Visto de dentro, o mundo é protegido por vidraças por onde escorrem rios melancólicos, e agora os ricos são mais ricos. Um ou outro poste se acende denunciando a noite precoce. Não, não é coisa local. Chove no mundo. Chove para sempre. No Campo Santo seguimos a chuva que chove sobre a ladeira da capela, sobre as aleias dos túmulos cinzentos, Aninha, que morreu aos seis anos de idade, João Anteni, cujo resto do nome desapareceu, consumido no bronze, Cosme, que morreu aos 18 anos, no terrível incêndio do circo, quem se lembra?, Aurélio de Sá, apenas aviador, apenas filho de Arlinda Sá, nada mais;

outros tantos foram somente bons pais, bons filhos e bons esposos. Em datas bem antigas – já não se fazem mais bons pais, bons filhos e bons esposos. E chegamos ao alto, vemos lá em baixo a cidade de mortos esquecidos, vamos até a laje-comum, – a vala-comum, a gaveta encharcada do muro-cemitério onde agora enfiam Canepa Boa-Viagem. Boa-Viagem, Canepa!
E já voltamos. No escuro cruzamos por outras sombras que carregam outro morto e pensamos que esse não é dia pra morrer. Nem pra viver. Como chove!

PSICANALISTA
Foi assim, senhor Grão Sacerdote, nas águas do dilúvio, que Boa-Viagem apagou a própria chama. Tudo somado era um ser humano. Talvez vá para o oeste, sempre para o oeste. O Oeste, de onde o sol poente acena ao homem, guiando-o para as ilhas bem-aventuradas, atrás do pôr-do-sol. Planície extasiante, nem hálito de gelo, nem ardor de fogo; um chão abençoado e pleno. Campo vermelho de rosas, jardins de frutos dourados. Na morte o sol poente abre para o ser humano o portal da paz, existência mais feliz nas ilhas dos Benditos, como, ao se pôr todo dia, já lhe proporciona período de repouso na vida terrena. Afortunado nesse sono que o afasta temporariamente do mundo, liberto ao morrer, de todo cuidado e angústia.

SACERDOTE
Visão antiga da eternidade, meu caro psicanalista. A vida já contaminou a morte. (*Psicanalista abre o*

guarda chuva cuidadosamente. Oferece proteção ao outro. Olha em volta, o tempo furioso.) A noite chegou cedo.

PSICANALISTA
Mais uma.

SACERDOTE
Talvez seja última.

PSICANALISTA
Ainda há esperança.

SACERDOTE
De quê?

FIM

SOBRE O AUTOR

MILLÔR FERNANDES (1924-2012) estreou muito cedo no jornalismo, do qual veio a ser um dos mais combativos exemplos no Brasil. Suas primeiras atividades na imprensa foram em *O Jornal* e nas revistas *O Cruzeiro* e *Pif-Paf*. Estudou no Liceu de Artes e Ofícios do Rio de Janeiro e, já integrado à intelectualidade carioca, trabalhou nos seguintes periódicos: *Diário da Noite*, *Tribuna da Imprensa* e *Correio da Manhã*, sofrendo, diversas vezes, censura e retaliações por seus textos. De 1964 a 1974, escreveu regularmente para *O Diário Popular*, de Portugal. Colaborou também para os periódicos *Correio da Manhã*, *Veja*, *O Pasquim*, *Isto É*, *Jornal do Brasil*, *O Dia*, *Folha de São Paulo*, *Bundas*, *O Estado de São Paulo*, entre outros. Publicou dezenas de livros, entre os quais *A verdadeira história do paraíso*, *Poemas* (**L**&**PM** POCKET), *Millôr definitivo – A bíblia do caos* (**L**&**PM** POCKET) e *O livro vermelho dos pensamentos de Millôr* (**L**&**PM** POCKET). Suas colaborações para o teatro chegam a mais de uma centena de trabalhos, entre peças de sua autoria, como *Flávia, cabeça, tronco e membros* (**L**&**PM** POCKET), *Liberdade, liberdade* (com Flávio Rangel) (**L**&**PM** POCKET), *O homem do princípio ao fim* (**L**&**PM** POCKET), *Um elefante no caos* (**L**&**PM** POCKET), *A história é uma história*, e adaptações e traduções teatrais, como *Gata em telhado de zinco quente*, de Tennessee Williams, *A megera domada*, de Shakespeare (**L**&**PM** POCKET), *Pigmaleão*, de George Bernard Shaw (**L**&**PM** POCKET), e *O jardim das cerejeiras* seguido de *Tio Vânia*, de Anton Tchékhov (**L**&**PM** POCKET).

Coleção **L&PM** POCKET (LANÇAMENTOS MAIS RECENTES)

958. **O Morro dos Ventos Uivantes** – Emily Brontë
959. **A filosofia na era trágica dos gregos** – Nietzsche
960. **Os treze problemas** – Agatha Christie
961. **A massagista japonesa** – Moacyr Scliar
962. **A taberna dos dois tostões** – Simenon
963. **Humor do miserê** – Nani
964. **Todo o mundo tem dúvida, inclusive você** – Édison de Oliveira
965. **A dama do Bar Nevada** – Sergio Faraco
966. **O Smurf Repórter** – Peyo
967. **O Bebê Smurf** – Peyo
968. **Maigret e os flamengos** – Simenon
969. **O psicopata americano** – Bret Easton Ellis
970. **Ensaios de amor** – Alain de Botton
971. **O grande Gatsby** – F. Scott Fitzgerald
972. **Por que não sou cristão** – Bertrand Russell
973. **A Casa Torta** – Agatha Christie
974. **Encontro com a morte** – Agatha Christie
975. (23). **Rimbaud** – Jean-Baptiste Baronian
976. **Cartas na rua** – Bukowski
977. **Memória** – Jonathan K. Foster
978. **A abadia de Northanger** – Jane Austen
979. **As pernas de Úrsula** – Claudia Tajes
980. **Retrato inacabado** – Agatha Christie
981. **Solanin (1)** – Inio Asano
982. **Solanin (2)** – Inio Asano
983. **Aventuras de menino** – Mitsuru Adachi
984. (16). **Fatos & mitos sobre sua alimentação** – Dr. Fernando Lucchese
985. **Teoria quântica** – John Polkinghorne
986. **O eterno marido** – Fiódor Dostoiévski
987. **Um safado em Dublin** – J. P. Donleavy
988. **Mirinha** – Dalton Trevisan
989. **Akhenaton e Nefertiti** – Carmen Seganfredo e A. S. Franchini
990. **On the Road – o manuscrito original** – Jack Kerouac
991. **Relatividade** – Russell Stannard
992. **Abaixo de zero** – Bret Easton Ellis
993. (24). **Andy Warhol** – Mériam Korichi
994. **Maigret** – Simenon
995. **Os últimos casos de Miss Marple** – Agatha Christie
996. **Nico Demo** – Mauricio de Sousa
997. **Maigret e a mulher do ladrão** – Simenon
998. **Rousseau** – Robert Wokler
999. **Noite sem fim** – Agatha Christie
1000. **Diários de Andy Warhol (1)** – Editado por Pat Hackett
1001. **Diários de Andy Warhol (2)** – Editado por Pat Hackett
1002. **Cartier-Bresson: o olhar do século** – Pierre Assouline
1003. **As melhores histórias da mitologia: vol. 1** – A.S. Franchini e Carmen Seganfredo
1004. **As melhores histórias da mitologia: vol. 2** – A.S. Franchini e Carmen Seganfredo
1005. **Assassinato no beco** – Agatha Christie
1006. **Convite para um homicídio** – Agatha Christie
1007. **Um fracasso de Maigret** – Simenon
1008. **História da vida** – Michael J. Benton
1009. **Jung** – Anthony Stevens
1010. **Arsène Lupin, ladrão de casaca** – Maurice Leblanc
1011. **Dublinenses** – James Joyce
1012. **120 tirinhas da Turma da Mônica** – Mauricio de Sousa
1013. **Antologia poética** – Fernando Pessoa
1014. **A aventura de um cliente ilustre** seguido de **O último adeus de Sherlock Holmes** – Sir Arthur Conan Doyle
1015. **Cenas de Nova York** – Jack Kerouac
1016. **A corista** – Anton Tchékhov
1017. **O diabo** – Leon Tolstói
1018. **Fábulas chinesas** – Sérgio Capparelli e Márcia Schmaltz
1019. **O gato do Brasil** – Sir Arthur Conan Doyle
1020. **Missa do Galo** – Machado de Assis
1021. **O mistério de Marie Rogêt** – Edgar Allan Poe
1022. **A mulher mais linda da cidade** – Bukowski
1023. **O retrato** – Nicolaí Gogol
1024. **O conflito** – Agatha Christie
1025. **Os primeiros casos de Poirot** – Agatha Christie
1026. **Maigret e o cliente de sábado** – Simenon
1027. (25). **Beethoven** – Bernard Fauconnier
1028. **Platão** – Julia Annas
1029. **Cleo e Daniel** – Roberto Freire
1030. **Til** – José de Alencar
1031. **Viagens na minha terra** – Almeida Garrett
1032. **Profissões para mulheres e outros artigos feministas** – Virginia Woolf
1033. **Mrs. Dalloway** – Virginia Woolf
1034. **O cão da morte** – Agatha Christie
1035. **Tragédia em três atos** – Agatha Christie
1036. **Maigret hesita** – Simenon
1037. **O fantasma da Ópera** – Gaston Leroux
1038. **Evolução** – Brian e Deborah Charlesworth
1039. **Medida por medida** – Shakespeare
1040. **Razão e sentimento** – Jane Austen
1041. **A obra-prima ignorada** seguido de **Um episódio durante o Terror** – Balzac
1042. **A fugitiva** – Anaïs Nin
1043. **As grandes histórias da mitologia greco--romana** – A. S. Franchini
1044. **O corno de si mesmo & outras historietas** – Marquês de Sade
1045. **Da felicidade** seguido de **Da vida retirada** – Sêneca
1046. **O horror em Red Hook e outras histórias** – H. P. Lovecraft
1047. **Noite em claro** – Martha Medeiros
1048. **Poemas clássicos chineses** – Li Bai, Du Fu e Wang Wei
1049. **A terceira moça** – Agatha Christie
1050. **Um destino ignorado** – Agatha Christie
1051. (26). **Buda** – Sophie Royer
1052. **Guerra Fria** – Robert J. McMahon
1053. **Simons's Cat: as aventuras de um gato travesso e comilão – vol. 1** – Simon Tofield
1054. **Simons's Cat: as aventuras de um gato travesso e comilão – vol. 2** – Simon Tofield
1055. **Só as mulheres e as baratas sobreviverão** – Claudia Tajes

1056. Maigret e o ministro – Simenon
1057. Pré-história – Chris Gosden
1058. Pintou sujeira! – Mauricio de Sousa
1059. Contos de Mamãe Gansa – Charles Perrault
1060. A interpretação dos sonhos: vol. 1 – Freud
1061. A interpretação dos sonhos: vol. 2 – Freud
1062. Frufru Rataplã Dolores – Dalton Trevisan
1063. As melhores histórias da mitologia egípcia – Carmem Seganfredo e A.S. Franchini
1064. Infância. Adolescência. Juventude – Tolstói
1065. As consolações da filosofia – Alain de Botton
1066. Diários de Jack Kerouac – 1947-1954
1067. Revolução Francesa – vol. 1 – Max Gallo
1068. Revolução Francesa – vol. 2 – Max Gallo
1069. O detetive Parker Pyne – Agatha Christie
1070. Memórias do esquecimento – Flávio Tavares
1071. Drogas – Leslie Iversen
1072. Manual de ecologia (vol.2) – J. Lutzenberger
1073. Como andar no labirinto – Affonso Romano de Sant'Anna
1074. A orquídea e o serial killer – Juremir Machado da Silva
1075. Amor nos tempos de fúria – Lawrence Ferlinghetti
1076. A aventura do pudim de Natal – Agatha Christie
1077. Maigret no Picratt's – Simenon
1078. Amores que matam – Patricia Faur
1079. Histórias de pescador – Mauricio de Sousa
1080. Pedaços de um caderno manchado de vinho – Bukowski
1081. A ferro e fogo: tempo de solidão (vol.1) – Josué Guimarães
1082. A ferro e fogo: tempo de guerra (vol.2) – Josué Guimarães
1083. Carta a meu juiz – Simenon
1084(17). Desembarcando o Alzheimer – Dr. Fernando Lucchese e Dra. Ana Hartmann
1085. A maldição do espelho – Agatha Christie
1086. Uma breve história da filosofia – Nigel Warburton
1087. Uma confidência de Maigret – Simenon
1088. Heróis da História – Will Durant
1089. Concerto campestre – L. A. de Assis Brasil
1090. Morte nas nuvens – Agatha Christie
1091. Maigret no tribunal – Simenon
1092. Aventura em Bagdá – Agatha Christie
1093. O cavalo amarelo – Agatha Christie
1094. O método de interpretação dos sonhos – Freud
1095. Sonetos de amor e desamor – Vários
1096. 120 tirinhas do Dilbert – Scott Adams
1097. 124 fábulas de Esopo
1098. O curioso caso de Benjamin Button – F. Scott Fitzgerald
1099. Piadas para sempre: uma antologia para morrer de rir – Visconde da Casa Verde
1100. Hamlet (Mangá) – Shakespeare
1101. A arte da guerra (Mangá) – Sun Tzu
1102. Maigret na pensão – Simenon
1103. Meu amigo Maigret – Simenon
1104. As melhores histórias da Bíblia (vol.1) – A. S. Franchini e Carmen Seganfredo
1105. As melhores histórias da Bíblia (vol.2) – A. S. Franchini e Carmen Seganfredo
1106. Psicologia das massas e análise do eu – Freud
1107. Guerra Civil Espanhola – Helen Graham
1108. A autoestrada do sul e outras histórias – Julio Cortázar
1109. O mistério dos sete relógios – Agatha Christie
1110. Peanuts: Ninguém gosta de mim... (amor) – Charles Schulz
1111. Cadê o bolo? – Mauricio de Sousa
1112. O filósofo ignorante – Voltaire
1113. Totem e tabu – Freud
1114. Filosofia pré-socrática – Catherine Osborne
1115. Desejo de status – Alain de Botton
1116. Maigret e o informante – Simenon
1117. Peanuts: 120 tirinhas – Charles Schulz
1118. Passageiro para Frankfurt – Agatha Christie
1119. Maigret se irrita – Simenon
1120. Kill All Enemies – Melvin Burgess
1121. A morte da sra. McGinty – Agatha Christie
1122. Revolução Russa – S. A. Smith
1123. Até você, Capitu? – Dalton Trevisan
1124. O grande Gatsby (Mangá) – F. S. Fitzgerald
1125. Assim falou Zaratustra (Mangá) – Nietzsche
1126. Peanuts: É para isso que servem os amigos (amizade) – Charles Schulz
1127(27). Nietzsche – Dorian Astor
1128. Bidu: Hora do banho – Mauricio de Sousa
1129. O melhor do Macanudo Taurino – Santiago
1130. Radicci 30 anos – Iotti
1131. Show de sabores – J.A. Pinheiro Machado
1132. O prazer das palavras – vol. 3 – Cláudio Moreno
1133. Morte na praia – Agatha Christie
1134. O fardo – Agatha Christie
1135. Manifesto do Partido Comunista (Mangá) – Marx & Engels
1136. A metamorfose (Mangá) – Franz Kafka
1137. Por que você não se casou... ainda – Tracy McMillan
1138. Textos autobiográficos – Bukowski
1139. A importância de ser prudente – Oscar Wilde
1140. Sobre a vontade na natureza – Arthur Schopenhauer
1141. Dilbert (8) – Scott Adams
1142. Entre dois amores – Agatha Christie
1143. Cipreste triste – Agatha Christie
1144. Alguém viu uma assombração? – Mauricio de Sousa
1145. Mandela – Elleke Boehmer
1146. Retrato do artista quando jovem – James Joyce
1147. Zadig ou o destino – Voltaire
1148. O contrato social (Mangá) – J.-J. Rousseau
1149. Garfield fenomenal – Jim Davis
1150. A queda da América – Allen Ginsberg
1151. Música na noite & outros ensaios – Aldous Huxley
1152. Poesias inéditas e poemas dramáticos – Fernando Pessoa
1153. Peanuts: Felicidade é... – Charles M. Schulz
1154. Mate-me por favor – Legs McNeil e Gillian McCain
1155. Assassinato no Expresso Oriente – Agatha Christie
1156. Um punhado de centeio – Agatha Christie
1157. A interpretação dos sonhos (Mangá) – Freud

Impressão e acabamento
Imprensa da Fé